J. Schmölzl

Die gezogene Kanone

J. Schmölzl

Die gezogene Kanone

ISBN/EAN: 9783743391000

Hergestellt in Europa, USA, Kanada, Australien, Japan

Cover: Foto ©Andreas Hilbeck / pixelio.de

Weitere Bücher finden Sie auf **www.hansebooks.com**

Die gezogene Kanone.

Deren

geschichtliche Entwicklung und gegenwärtige Vervollkommnung.

Eine militärische Zeitstudie.

Von

Joseph Schmoelzl,

königl. bayer. Artillerie-Oberstlieutenant, Offizier und Ritter mehrerer Orden,
Inhaber mehrerer großen goldenen Medaillen für Wissenschaft und Kunst.

Mit vier Steintafeln.

München 1860.
Literarisch-artistische Anstalt
der J. G. Cotta'schen Buchhandlung.

Vorwort.

Seit der großen Vervollkommnung der Handfeuerwaffen wurde das Unvermeidliche einer Umänderung des bestehenden Geschütz-Konstruktionssystems tief gefühlt. Die in dem letzten italienischen Kriege gemachten Erfahrungen lassen die Ansicht Platz greifen, daß nur solche Verbesserungsversuche eine Zukunft versprechen, welche das gezogene Geschützrohr zur Basis haben. —

Alle Artillerien beschäftigen sich auf's eifrigste mit dieser wichtigen Zeitfrage, und sind von dem Ausspruche Paixhans — daß die Ausführung gezogener Geschützrohre nicht allein möglich, sondern unumgänglich nothwendig sei — gänzlich durchdrungen; sie fühlen, daß die Zeitverhältnisse mit beflügeltem Drange ein rasches Vorwärtsschreiten auf dieser Bahn fordern. —

Der Unterzeichnete hat bereits schon im Jahre 1857 in einer der von ihm verfaßten Schriften*) diesem Gegenstande in einem eigenen Kapitel die volle Aufmerksamkeit zugewendet

---

*) Ergänzungs-Waffenlehre, 2. Auflage.

und die Ueberzeugung ausgesprochen, daß nur auf demselben Wege, welcher für die Handfeuerwaffen eingeschlagen wurde, die unbedingt nöthig gewordene Einführung eines neuen Geschütz-Konstruktionssystems erzielt werden könne. Die inzwischen liegende nur kurze Zeit hat dies gelehrt.

Jetzt, nachdem die Erfahrungen aus den Kriegen in der Krim und in Italien hinter uns liegen, und neue ausserordentliche Bestrebungen in der Waffenkunde sichtbar werden, welche eine Fülle von technischen Erzeugnissen niederlegen, aus denen die hohe Bedeutung des behandelten Gegenstandes zu ermessen ist, bietet sich so ergiebiges Material, daß das Erscheinen der gegenwärtigen Schrift — zu deren Verständigung die Kenntniß der Konstruktions-Systeme der neuen Handfeuerwaffen jetzt auch als vorausgesetzt angenommen werden kann — nicht für zu verfrüht erachtet werden möchte.

München im December 1859.

Der Verfasser.

Inhalt.

Erster Abschnitt.
Literatur und Geschichte der gezogenen Kanonen.

A. **Erfindungen früherer Zeit.** Seite.
  - Gezogene Geschütze, Kammerladung, oblonge Geschoße. . . . 1.
  - System Reichenbach. . . . . 6.

B. **Erfindungen der Neuzeit.**
  - System Cavalli. . . . . 10.
  - „ Wahrendorff. . . . . 17.
  - „ Armstrong. . . . . 20.
  - „ Eastman. . . . . 23.
  - „ der Geschoß-Expansion und Kompression. . . . 27.
  - Geschoß Charrin. . . . . 28.
  - „ Zöller. . . . . 29.
  - Französisches System (Tamisier — Treuille). . . . 31.
  - Versuche der belgischen Artillerie. . . . . 39.

C. Erfahrungen aus dem Kriege in Italien 1859 über die Wirkungen der gezogenen Kanonen. . . . . . 42.

D. Nachrichten über den Fortschritt in der preußischen, russischen, spanischen, portugisischen, österreichischen, schweizerischen, ägyptischen Artillerie. . . . . . . 50.

E. Bedenken gegen die Einführung gezogener Geschützrohre. . . . . 54.

Zweiter Abschnitt.

Aufgabe der gegenwärtigen Artillerie.

A. Geschützmaterie.   Seite.
   Unzulänglichkeit des Geschützbronces. . . . . 57.
   Gußstahl. . . . . 59.
   Aluminiumbronce. . . . . 60.
B. Grundzüge der Konstruktion. . . . . 61.
   System Lancaster und das Ladungsprincip Sievier. . . 62.
   System Whitworth. . . . . 69.
C. Kaliber-System. . . . . 74.
   Einheitsgeschütz der Feldartillerie.
      Das Geschützrohr. . . . . 75.
      Die Geschoße.
         Der Kugelschuß. . . . . 79.
         Der Granatschuß. . . . . 85.
         Der Granatkartätschenschuß. . . . . 86.
         Der Büchsenkartätschenschuß. . . . . 88.
   Einheitsgeschütz der Festungs- und Belagerungs-Artillerie.
      Geschützrohr. . . . . 90.
      Geschoße. . . . . 91.
D. Richtvorrichtungen.
   Horizontal-Aufsatz. . . . . 91.
   Vertikal-Aufsatz. . . . . 96.
E. Schlußbetrachtungen. . . . . 99.

Druckfehler.

Seite 29, Zeile 12 v. o. ist nach „Rinne" zu setzen: „b b".
Seite 66, Zeile 6 v. u. ist „hiebei" einmal zu streichen.

Erster Abschnitt.
Literatur und Geschichte der gezogenen Kanonen.

A. Erfindungen früherer Zeit.
Gezogene Geschütze, Kammerladung, oblonge Geschosse.

§. 1. Bei den ausserordentlichen Fortschritten in der Vervollkommnung der Handfeuerwaffen wurde von der Artillerie längst auch eine baldige Verbesserung ihrer Geschütze durch eine Aenderung des bisherigen Konstruktionssystems gefühlt; allein die Ansichten über den einzuschlagenden Weg standen einander längere Zeit direkt entgegen.

Man erkannte einerseits, daß die Wirkung der 6 Pfünder Kanone zum Feldgebrauche nicht mehr ausreiche, und glaubte eine Vermehrung an Wirksamkeit nur in der Vergrößerung des Geschützkalibers finden zu können. In diesem Sinne sah man in der französischen Artillerie die 8 Pfünder Kanone durch die 12 Pfünder Granatkanone Napoleon's III. verdrängt; die königlich sächsische Artillerie ist diesem Beispiele durch Einführung einer 12-Pfünder Granatkanone bald gefolgt, und andere Artillerien befanden sich schon auf demselben Wege; während andererseits die Konstruktionssysteme den neuesten vervollkommten Handfeuerwaffen eine andere einzuschlagende Bahn vorzeichnen, um die gedachte Absicht mittelst gezogener Rohre und Spitzgeschoßen bei einer Verkleinerung des Geschützkalibers zu erreichen. —

Es war vorauszusehen, daß die 12-Pfünder-Granatkanone Napoleon's III. ebenso, wie es für die Handfeuerwaffen mit der Wild'schen Büchse der Fall war, nur den Uebergang zu einem neuen Geschützkonstruktionssysteme bilden werde*); man sah wohl hie und da schon die Idee, Spitzgeschoße aus gezogenen Kanonen zu feuern, mit gutem Erfolge gekrönt, und war vollständig von dem Ausspruche Paixhan's überzeugt, daß die Ausführung gezogener Geschützrohre nicht allein möglich, sondern **unumgänglich nothwendig sei**, wenn man nicht haben will, daß die Artillerie jetzt feindlichen Tirailleurs gegenüber abtrete. Allein es waren bei Weitem größere Schwierigkeiten zu überwinden als bei dem kleinen Gewehre. Die Anwendung bleierner Geschoße, um dieselben mittelst einer mechanischen Kraft — wie durch Ladstockstöße — in die Züge einzupressen, ist für Geschützrohre unausführbar; die Versuche mit in Blei gehüllten eisernen Geschoßen haben nicht immer genügende Resultate geliefert; dennoch ist es eine unbedingte Nothwendigkeit, den Spitzgeschoßen eine während ihres Fluges beibehaltende Spiralbewegung um ihre Längenachse beizubringen, weil diese Geschoße ohne das Verharren in einer solchen Bewegung auf ihrer Flugbahn eine Rotation um die Querachse annehmen und sich überstürzen würden.

§. 2. **Doch haben ein fortgesetztes Forschen, Scharfsinn und ein beharrlicher Wille endlich auch für die Artillerie die Bahn gebrochen.** Das Studium der gezogenen Kanonen beschäftigt heut zu Tage sämmtliche Artillerien. Die Literatur über diesen wichtigen Gegenstand ist aber noch arm. Von Werken mit speciellen Abhandlungen hierüber sind nur zwei bekannt, als:

1) Cavalli, Major d'Art. piémont: „Mémoire sur les canons se chargeant par la culasse, sur les canons rayés etc." — 1849;
2) Gillot, Capit. d'Art. belge: „Etudes sur les canons rayés." — 1858.

---

*) Ergänzungs-Waffenlehre v. Schmoelzl, 2. Aufl., S. 382.

Nur wenige in der Neuzeit erschienene Lehrbücher über Waffenkunde widmen den gezogenen Geschützrohren einen besonderen Abschnitt. Zerstreut liegen jedoch Mittheilungen über die in diesen Gegenstand einschlagenden Erfindungen, Verbesserungen und Erfahrungen in den verschiedenen deutschen, französischen, belgischen und englischen Militär-Zeitschriften. Die reichhaltigsten Quellen, aus welchen vorläufig geschöpft werden kann, bieten dem Forschenden aber die bereits in allen ihren Grundzügen bekannten neuen Konstruktionssysteme der Handfeuerwaffen. —

§. 3. Die Geschichte der gezogenen Kanonen reicht dagegen bis über das vorige Jahrhundert hinauf. So ist in Berlin ein vierlöthiges, geschmiedetes eisernes Geschützrohr mit 13 Zügen, einer Schwanzschraube und einem Klappvisire aus dem Jahre 1661. In dem Zeughause zu München befindet sich ein Falkonet aus Schmiedeisen mit 8 Zügen bei einem Bohrungsdurchmesser von 46,8 Millimetres, 1694 in Nürnberg gefertigt, welches 67,75 Kilogrammes wiegt. In demselben Zeughause sieht man noch mehrere gezogene Kanonen aus dem vorigen Jahrhundert, darunter ein schmiedeisernes Rohr von 114 Kilogrammes Schwere. Im Jahre 1746 fertigte Senner eiserne Geschütze mit gezogener Seele und beweglichem Seelenboden, um die Ladung von rückwärts einzubringen.

Man schoß bis dahin nur gepflasterte Bleikugeln aus diesen Geschützen. Ueber ihre Wirkung erfährt man erst im Jahre 1776, daß in England Versuche aus 1 und 2-Pfünder gezogenen Geschützen angestellt wurden, wobei die Kugeln auf 1500 Schritte (1125 Metres) nur 2 Fuß (6,25 Decimetres) Seitenabweichung zeigten, und man sich der Fernrohre zum Richten bediente, welches letztere den Beweis liefert, daß die gewählten Ziele zu entfernt waren, um dieselben mit freiem Auge deutlich genug zu erkennen. Zugleich wurden in diesem Jahre bei im Fort Landguard stattgehabten Schießversuchen oblonge Geschoße angewendet, welche zwar kürzere Schußweiten als die kugelförmigen zeigten, aber wegen ihrer größeren Perkussion besonders zum Breschschießen geeignet erschienen.

Diesen Versuchen mit länglichen Geschoßen waren schon 1756 in England die zahlreichen Versuche Robins mit elliptischen (ovoiden), dann in Frankreich 1770 diejenigen zu Lafère und Metz mit Balles allongées vorausgegangen, und hatte 1775 Hutton bei seinen Versuchen mit dem balistischen Pendel Geschoße von länglicher Form vorgeschlagen. Die Idee länglicher Geschoße, welche gegenwärtig unzertrennbar von der Anwendung gezogener Feuerwaffen geworden ist, war indessen schon über 100 Jahre vor Robins aufgetaucht; denn man findet bereits von den Engländern im Jahre 1627 vor La Rochelle cylinderische Granaten mit einem in die Kammer reichenden Ansatze erfolgreich angewendet, welche ein Nürnberger, Namens Clarner, erfunden hatte, und im Jahre 1649 wurden von Somienowicz oblonge Granaten angegeben, an welchen Windflügel angeschraubt waren, um das Auffallen auf den Zünder zu verhüten.

Nach den Versuchen Robins und Hutton's findet man erst in diesem Jahrhundert wieder Erwähnung von länglichen Geschoßen. So schlägt im Jahre 1808 Guyton de Morveau einen eisernen, vorne sphärisch geschlossenen Cylinder als Geschoß vor, der mit einem Bleiringe umgeben ist, wodurch der Spielraum geschlossen wird. Im Jahre 1815 machte man im Amerika Versuche mit ovalen Granaten aus 100 Pfünder Carronaden (Columbiaden) gegen Schiffswände mit gutem Erfolge, und in Hannover erlangte man günstige Resultate mit Ellipsoiden; 1820 versuchte man in England oblonge Kanonenkugeln, die gute Resultate lieferten. Nirgend geschieht jedoch eine Erwähnung, daß oblonge Geschoße aus gezogenen Geschützen gefeuert wurden.

§. 4. Das Einbringen des Geschoßes und der Pulverladung von rückwärts, welches man heut zu Tage mit der Einführung der gezogenen Kanonen verbinden zu müssen glaubt, ist aber eine Erfindung, welche schon an den ersten in Anwendung gekommenen Geschützrohren zu treffen ist. Die Konstruktionen des hinteren Verschlusses waren dabei verschiedener Art.

Die ersten von rückwärts zu ladenden Geschütze waren 100 bis 450 Pfund schwer, wovon 30 bis 40 Pfund auf das Verschlußstück (die Kammer) fielen. Dieses letztere wurde theils blos in das Rohr gedrückt, theils in dieses geschoben und mittelst Keilen festgehalten, weßhalb diese Geschütze Keilstücke genannt wurden. 15 derlei Geschütze hatten die Engländer schon im Jahre 1428 vor Orleans. — Aus dem Jahre 1555 befindet sich im Pariser Museum ein eisernes sehr langes Geschützrohr von kleinem Kaliber und beweglichem Boden. — In Bayern findet man im Jahre 1557 die Keilstücke eingeführt. — Im Jahre 1597 erfindet Savorgano Geschütze vom Kaliber der 12-Pfünder, deren Rohre mittelst eines broncenen Querbolzens geschlossen waren. Im Jahre 1621 bestanden nach Angabe von Pietro Sarti in Italien Geschütze à Braga mit besonderen Kammern, deren Rohre von Eisen geschmiedet waren und bis zu 100 Pfunden schossen. Die Kammern waren von Eisen oder Bronce und wurden durch starke Holzkeile festgehalten; man bedurfte zu jedem Geschütze 3 solche Kammern zum Wechseln unter sich. — Im Jahre 1715 schlägt La Chaumette ein Geschütz vor, das von hinten mittelst einer eisernen Kammer geladen wird. — Im Jahre 1734 konstruirte man nach damals sächsischer Art Geschütze von rückwärts zu laden, die zum Einführen der Ladung mit dem Bodenstücke herabfielen und mittelst eines Vorschiebkeiles wieder geschlossen wurden. — Im Jahre 1779 erscheint Fentry als der Erste, welcher mit dem Principe der Einpressung des Geschoßes aus der Kammer in die engere Seelenbohrung mittelst der entwickelten Pulverkraft auftrat, indem er für den Feldkrieg leichte Wägen mit 1 Pfünder Kanonen vorschlug, welche aus Schmiedeisen gefertigt sind, von rückwärts geladen werden und eine gedrängt eingehende Bleikugel schossen. — Unter der Benennung Canon à culotte sind im Jahre 1780 von rückwärts zu ladende Geschützrohre bekannt geworden, welche von Pinelli erfunden waren. — Im Jahre 1825 wurde ein ganz durchbohrtes Geschützrohr vorgeschlagen, deren rückwärtiger Verschluß durch eine vertikal auf die Seelenachse verschiebbare Scheibe bewerkstelligt wurde. — 1829 erfand Tuler eine Kanone, die rückwärts einen vertikalen, drehbaren, durchbohrten Zapfen hatte, den man zum Laden mit seiner Oeffnung in die Richtung der Seelenachse drehte und dann die Oeffnung wieder zurieb.

System Reichenbach.

§. 5. Aus jener früheren Zeit finden sich in allen größeren Zeughäusern noch gezogene Geschützrohre in verschiedenen Exemplaren vor; sie sind jedoch alle nur von kleinem Kaliber und schossen bleierne Kugeln von rein sphärischer Gestalt. Von hohem Interesse mag es darum sein, zu erfahren, daß der frühere bayerische Artillerie-Oberstlieutenant von Reichenbach*) schon im Jahre 1816 in München Versuche anstellte, aus einem solchen mit 7 Zügen von 5,2 Millimetres Breite und 0,6 Millimetres Tiefe versehenen broncenen Rohre von 1,24 rhein. Zoll (32 Millimetres) Seelenweite, aus Blei gegossene Spitzgeschosse zu schießen, welche von der in Fig. 1 dargestellten Konstruktion waren.

Das eigentliche Bleigeschoß A B war von cylindro-conischer Gestalt, 83 Millimetres lang, wovon 31 Millimetres (gleich dem Durchmesser) dem cylinderischen Theile angehörten, und hatte an demselben, dem Dralle der Züge entsprechend, 7 Längenangüsse. Die Geschoßspitze war massiv, der cylinderische Theil hatte aber von der Basis aus eine Aushöhlung, in welcher ein nach rückwärts cylindro-ogival geformter Zapfen C D aus Weißbuchenholz, mit seinem vorderen Ende so weit stak, daß er rückwärts über das Bleigeschoß 57 Millimetres vorstand. Das ganze so bereitete Geschoß war 140 Millimetres lang. Dieses besaß demnach 4, das eigentliche Bleigeschoß 2,6 Kaliber Länge. Der Spielraum des cylinderischen

---

*) Gestorben im Jahre 1826, als General-Direktor der Salinen. Seine ersten Versuche mit gezogenen Kanonen soll derselbe bereits im Jahre 1809 in der Absicht gemacht haben, leichte Geschütze im Gebirgskriege in Tyrol zur Anwendung zu bringen.

Theiles des letzteren in der Seele und jener der Angüsse in den Zügen betrug 1 Millimeter. Das Gewicht des ganzen Geschoßes ist 310 Grammes.

Die Züge des Rohrs besaßen auf die 1040 Millimetres lange Bohrung einen Umgang. Das Einführen des Geschoßes und der Ladung fand von der Mündung aus statt. Das Rohr liegt auf einer leichten Laffete, und ist mit letzterer nur mittelst eines durch den Achsstock gehenden vertikalen Drehbolzens verbunden, dessen oberes Ende sich in zwei eisernen Brillen rückwärts biegt, in welchen das Rohr mit den Schildzapfen über die Laffetenwände erhöht ruht. Durch diese Verbindungsweise läßt sich das Rohr für sich gleich den Drehbassen der Kriegsschiffe, vertikal und horizontal drehen.

Nach der Konstruktion des Geschoßes muß Reichenbach zuerkannt werden, daß derselbe sowohl das Princip des Pfeilgeschoßes als dasjenige der Geschoßexpansion zugleich schon im Auge hatte. Ersteres beweist die bedeutende Länge des Geschoßes mit der Schwerpunktlage nach vorne in die Spitze, letzteres das durch die Kraft des Pulvers beabsichtigte weitere Eindringen des hölzernen Zapfens, um auf gleiche Weise, wie später durch Minié mittelst des Culots, die Expansion der Geschoßwand, und dadurch das gänzliche Einpressen der Angüsse in die Züge zu bewirken. —

So sehr auch die damit erreichte Tragweite und außerordentliche Wirkung alle Erwartungen übertrafen und den genannten wahrhaft gelehrten Artillerie-Offizier zu den höchst wichtigen Folgerungen für eine vortheilhafte Umänderung, nicht allein des ganzen Geschützwesens, sondern auch sämmtlicher Feuerwaffen berechtigte, scheiterte dennoch jedes Weiterschreiten an den Schwierigkeiten, welche beim Laden des einmal verschleimten Geschützes von der Mündung aus als zu bedenklich erachtet wurden; sicherlich auch an der Scheu vor den Kosten zur Fortsetzung von Versuchen bei den durch die kaum verwichenen Kriegsjahre erschöpften Staatskassen; wohl nicht minder an der Gewohnheit zum alten Herkommen und an der Furcht, das damals noch in Deutschland nicht gänzlich verschwundene artilleristische Zunftwesen durch einen förmlichen Umsturz aus seiner Lethargie und Wohlbehaglichkeit aufzuschrecken. — Die auf deutschem Boden entsprossene Idee blieb unbekannt; sie ist nur mehr im Nachlasse Reichenbach's zu finden*).

Es ist hier nicht zum Erstenmale, daß der Erfindung Reichenbach's Erwähnung geschieht. In den im Jahre 18¹¹/₂₂ erschienenen „Militärischen Phantasien" des k. bayer. Generals der Kavalerie, Albert Grafen zu Pappenheim findet man im zweiten Hefte S. 113 Folgendes angeführt: „Hat man gezogene Büchsen, warum „sollte man nichts Aehnliches bei Kanonen anbringen können? ..... „Die Ausführung scheint uns gar nicht unmöglich. Wir haben Ver„suche mit solchen Geschützen gesehen, die einem glücklichen „Resultate sehr nahe waren, die nur noch einiger Proben und klei„ner Verbesserungen bedurften. Der frühe Tod des genialen Erfin„ders (wir nennen diesen Mann, es war Reichenbach — dieser „Mann hat Autorität genug, uns in Schutz zu nehmen, wenn man „uns leerer Projectenmacherei beschuldigen wollte), und nur die ge„ringe Unterstützung, die dieser Gegenstand damals fand, weil man „sich schwer vom Alten trennt, dann weil auch die Versuche etwas „kostbar waren, auch der Erfinder von anderen Gegenständen sehr „in Anspruch genommen wurde; — dies machte die Sache damals „fallen."

§. 6. Während des hierauf gefolgten langen Friedens tauchten nach den Grundzügen Robins und Hutton's in England neuerdings Ideen für eine Verbesserung der Geschoßform auf, wie die oben (S. 4) erwähnten im Jahre 1820 mit günstigem Erfolge ausgeführten Versuche zeigen. Robins konstruirte, wie bemerkt, schon im Jahre 1756 ein eiförmiges Geschoß, und ließ dadurch die Absicht erkennen, den Schwerpunkt so weit als möglich nach vorne zu

---

*) Das Geschütz und Geschoß Reichenbach's befindet sich in den Händen dessen Enkels, des Dr. Carl Ritter von Mayr zu München, welcher zugleich Besitzer einer reichhaltigen Waffensammlung ist.

legen. — Borda und Hutton fanden für längliche Geschoße die
ogivale Form für den Vordertheil als die entsprechendste, weil der
zurückgebogene hintere Theil der Geschoßspitze sich der parallelen Lage
zur Geschoßachse nähert, und dadurch das Hinweggleiten der Luft
über denselben nach dem rückwärtigen Theile des Geschoßes erleich=
tert. — Doch auch diese Ideen blieben nur reine Theorien für die
Wissenschaft, und kamen bei einer Nation, deren spekulativer Geist
damals nur im Gebiete des Handels und der Industrie wühlte, eben
so wenig wie Reichenbach's Idee zur Ausbeute für die Kriegs=
praxis. In dem englischen Journale: Galignani Messenger No. 17
u. 18 vom Januar 1859 wird in einem längeren Artikel über das
in öffentlichen Blättern schon besprochene Armstrong'sche Geschütz
das Bedauern ausgesprochen, daß England die Erfindung der ver=
längerten Geschoße versichert habe, indem ein gewisser Greener be=
reits 1836 ganz die nachher von dem französischen Capitän Minié
benannten Geschoße und Gewehre konstruirt habe*). —

Erst im Jahre 1828 findet man aus Frankreich von Versuchen
Erwähnung, welche der Capitän Delvigne mit glatten cylindro=
conischen Bleigeschoßen aus gezogenen Gewehren machte. In Frank=
reich endlich fanden aber auch die erlangten vortheilhaften Ergebnisse und
dabei bemerkten wichtigen Erscheinungen bei den Männern von Fach
ihre verdiente Würdigung. Der gestreute Saamen fiel hier auf einen
Boden, auf dem man, an Revolutionen gewöhnt, vor einer Umwäl=
zung des ganzen Waffensystems (vorläufig der Infanterie) nicht zu=
rückschreckte. Die vorgezeichnete Bahn betretend, folgten bald Tami=
sier, Minié, Timmerhans, und in England nach und nach

---

*) Diese von den Engländern in Anspruch genommene Erfindung der ver=
längerten Geschoße fällt aber 20 Jahre später nach jener von Reichen=
bach und 8 Jahre nach jener von Delvigne; es kann sich aber die
angeführte Behauptung auch nicht ausschließlich auf das von Minié
aufgestellte Princip der Geschoß=Expansion beziehen, da die Idee
dieses Princips gleichfalls Reichenbach zuerst angehört. —

Greener, Wilkinson, Pritchett ꝛc. mit ihren, nach eigenen Principien der Pression, Compression und Expansion aufgestellten bekannten Spitzgeschoß-Konstruktionen.

§. 7. Jetzt erst reifte die Idee zur allgemeinen Anerkennung, warf mit Keckheit das Jahrhunderte lang bestandene Waffensystem über den Haufen, und strafte alle mathematischen und physikalischen Grundsätze Lügen, nach welchen die reinsphärische Form die entsprechendste für Geschoße sei, welche mittelst der entwickelten Pulverkraft aus Rohren geschleudert werden. —

Gründliche Forschungen gaben über die großen Vorzüge der Spitzgeschoße vor jenen der sphärischen Geschoße aus gezogenen Gewehren volle Aufklärung, und machten den Sieg der ersteren durch die an denselben entdeckten Eigenschaften anschaulich. Vermehrung der Geschoßmasse für gleiche Kaliber, Vergrößerung des mechanischen Bewegungsmomentes, Verminderung des Luftwiderstandes, Verringerung des Geschwindigkeitsverlustes während der fortschreitenden Bewegung, Verlängerung in der Ausdauer der Spiralbewegung bei stets vorwärts gewandter Spitze, Abflachung der Flugbahn, Verkürzung der Flugzeiten, Vergrößerung des Bestreichungsfeldes, Beschränkung der durch Irrungen im Schätzen der Entfernungen entstehenden nachtheiligen Einflüsse:

Dieß sind die Elemente, aus welchen für die Spitzgeschoße die größte Tragweite, Trefffähigkeit und Perkussionskraft, in Verbindung mit Verminderung des Waffengewichts, Einfachheit der Handhabung und Steigerung der Manövrirfähigkeit als Produkt hervorgehen. —

B. Erfindungen der Neuzeit.

System Cavalli.

§. 8. Demungeachtet verflossen fast noch zwei Decennien, bis mit Ernst Hand angelegt wurde, gezogene Geschützrohre und Spitzgeschoße in Anwendung zu bringen. Im Jahre 1846 machte der sardinische Artillerie-Major Cavalli nach Reichenbach den ersten Schritt zur Einführung derselben. Um die Schwierigkeiten, welche das Hinabschieben des nur wenig Spielraum besitzenden Geschoßes von der Mündung bis auf den Stoßboden in der Richtung der Züge, namentlich bei schon einiger Verschleimung der Seele darboten, zu umgehen, wählte jedoch Cavalli die allem diesen ausweichende Ladweise des Geschützes von rückwärts, wodurch dessen System der Kammerladungsgeschütze zum Vorscheine kam, an dem er folgenden Verschlußmechanismus anbrachte (Fig. 2).

Durch das Bodenstück ist quer in der Horizontalebene und senkrecht auf die Seelenachse ein vierseitiger Ausschnitt a angebracht, und ein in denselben geschobener Keil bc, der seine schiefabgeschnittene Fläche nach rückwärts wendet und an seinen beiden Enden Handhaben besitzt, verschließt das in der Länge ganz durchbohrte Rohr. Eine dieser Handhaben am schwächeren Ende des Keiles ist mittelst einer Kette an das Rohr befestigt, welche nur eine solche Länge hat, daß der nach der entgegengesetzten Seite angezogene Keil nicht ganz aus dem Ausschnitte treten, sondern während des Ladens des Geschützes darin liegen bleiben kann. Wird der Keil nach vollführter Ladung mit Kraft in den Ausschnitt gestoßen, so klemmt er sich fest. Die Geschützladung kommt jedoch dabei nicht unmittelbar auf die vordere Fläche des Keiles zu liegen, sondern es wird vor dem Einschieben des letzteren noch ein gegen die Mündung hin etwas segmentartig ausgehöhltes gußeisernes Stöckchen d in cylinderischer Form, das den eigentlichen Stoßboden bildet, und sich bei e an eine kleine schiefe Fläche der sich nach rückwärts etwas erweiternden Bohrung anschließt, mittelst einer anzuschraubenden Stange f eingebracht. Dabei legt sich dieses Stöckchen an seinem hinteren Ende endlich noch an einen eingelassenen kupfernen Ring r, der bei seiner Geschmeidigkeit durch das Einschieben des Keiles die Bohrung vollständig schließen soll.

Die Anbringung dieses Mechanismus erheischte eine bedeutende Verstärkung des Stoßbodens, um dessen Widerstandsfähigkeit zu sichern, woburch dieser Theil im Querschnitte die Form eines Achteckes erhalten hat.

§. 9. Mit diesem rückwärtigen Verschlusse versah Cavalli ein dem äußeren Umfange nach 8zölliges gußeisernes Bombenkanonenrohr, dem er das Bohrungskaliber einer 30 Pfünder Kanone von 165 Millimetres gab. Für den hinteren größeren Theil des gußeisernen Stöckchens erweiterte er diese Bohrung bis auf 176,5 Millimetres und der vordere Theil des Stöckchens drang noch 62,9 Millimetres tief in die Seele ein. Von hier aus beträgt die Seelenlänge 2042,8 Millimetres, nemlich nur 12,5 Kaliber. Dieses Rohr ließ er mit 2, sich diametral gegenüberstehenden Zügen von 8 Millimetres Tiefe und 32 Millimetres Breite versehen (Fig. 2), welche von der Mündung längs der ganzen Seele bis auf den Stoßboden (an das Stöckchen) reichten, und deren Drall von der Art war, daß sie 7° 50' Neigung gegen den vertikalen Längendurchschnitt der Seele besaßen, wodurch sich auf 3,77 Metres Länge ein ganzer und bei der 2042,8 Millimetres lang gezogenen Seele ungefähr ein halber Umgang bildete. Die Züge waren an den Kanten scharf, im Innern aber sphärisch abgerundet (Fig. 3). Diese Abrundung ab geschah in einem zur Bohrung concentrischen Kreisbogen, dessen Radius 90,5 Millimetres beträgt, und schloß sich beiderseits an die Kanten mit den Bögen c c an, die mit 8 Millimetres Radius beschrieben sind. Ihr Drall wurde dabei so eingerichtet, daß die Anfangspunkte der beiden Züge in der Vertikalebene durch die Seelenachse lagen, weil bei jenen Rohren, wo sich diese Anfangspunkte in einer horizontalen Lage befanden, nicht selten der Mißstand vorkam, daß sich die an dem Geschoße befindlichen Flügeln in den Zügen so festsetzten, daß das Geschoß wieder herausgenommen werden mußte, um neuerdings eingesetzt zu werden.

Das Rohr hatte sammt dem rückwärtigen Verschlußstücke eine Länge von 2678 Millimetres und ein Gewicht von 3350 Kilogrammes.

§. 10. Für dieses Rohr konstruirte Cavalli zweierlei hohle Spitzgeschoße aus Gußeisen, deren Hauptkörper äußerlich die Ge-

System Cavalli.

stalt eines Cylinders erhielt, dessen Grundfläche convex abgerundet war. Der Vordertheil bildete entweder eine conische oder eine ogivale Spitze, an welcher sich das Mundloch für einen Perkussionszünder befand (Fig. 4 u. 5). Der cylinderische Theil hatte seiner Länge nach, sich diametral entgegengesetzt, zwei angegossene Längenstreifen (Flügel aa), deren Stellung, Form und Ausmaße den Zügen der Seele entsprachen, damit das Geschoß schon primitiv diejenige Gestalt erhalte, welche ihm, wenn es aus weicherem Metalle als das Geschützrohr bestünde, durch Eintreiben in die Züge gegeben werden müßte, um es zur Annahme der Spiralbewegung zu zwingen. Diese Flügeln waren über den cylinderischen Theil hinauf bis auf ⅓ des ogivalen Theiles verlängert und hatten die Neigung der Züge. Die Konstruktion und Ausmaße der Flügeln waren folgende (Fig. 6): Den äußeren Rand bildet ein zur Cylinderfläche concentrischer Kreisbogen a b mit dem Radius von 89 Millimetres; die beiden Seitenbögen c c schließen sich einerseits mit dem Radius von 8 Millimetres an a b, anderseits mit dem Radius von 6,5 Millimetres an die Cylinderfläche an. Die ganze Länge der Flügeln betrug 240 Millimetres, deren Vorsprung 8 Millimetres und deren Breite an der Cylinderfläche 30,5 Millimetres. Auf der Mittellinie jeder Halbcylinderfläche ist ein kleiner Ansatz cc (Fig. 4 u. 5) in der Absicht angegossen, die Führung des Geschoßes durch eine Verlängerung des cylinderischen Theiles mehr zu sichern.

Die ganze Länge des cylindro-conischen Geschoßes beträgt 429, die des cylindro-ogivalen Geschoßes 382 Millimetres; ersteres ist demnach 2,7, letzteres 2,3 Kaliber lang. Das Gewicht eines solchen Hohlgeschoßes war zwischen 30 und 31 Kilogr. Der Spielraum betrug für den cylinderischen Theil 3 Millimetres, für die Flügel nach der Tiefe 1,2 und nach deren Breite 1,4 Millimetres.

Mit diesem 30 Pfünder Rohre erzielte Cavalli eine bedeutende Vergrößerung der Tragweite, welche bei 14° 42′ Elevation und 2,38 Kilogr. Ladung im ersten Aufschlage 3050 Metres erreichte. Mit der französischen langen 22 centimetrischen Haubitze bei der größeren Ladung von 4 Kilogr. und der Elevation von 13° verglichen, übertraf die Cavalli'sche 30 Pfünder Kanone jene Haubitze in der Tragweite um 900 Metres.

§. 11. Im nächsten Jahre (1847) setzte Cavalli in Stafsjö (Schweden) die Versuche mit einer nach demselben Systeme konstruirten gußeisernen gezogenen 50 Pfünder Bombenkanone fort. Der Bohrungsdurchmesser dieses Rohres betrug 208 Millimetres, seine ganze Länge 14,4, die Seelenlänge nur 10,7 Kaliber. Das ganze Rohr hatte ein Gewicht von 4700 Kilogrammes. Bei den stattgefundenen Vergleichsversuchen dieser gezogenen Bombenkanone mit einer 10zölligen sardinischen Bombenkanone gewöhnlicher Konstruktion (mit glatter 27centimetrischer Bohrung), wozu für ersteres Geschütz die cylindro-ogivalen Geschoße und für letzteres die sphärischen concentrischen Bomben auf das gleiche Gewicht von 60 Kilogrammes gebracht worden waren, haben sich zu Gunsten des gezogenen Rohres im ersten Aufschlage des Geschoßes Porteeunterschiede ergeben, welche bei 5° Elevation und 6 Kilogr. Ladung 320, bei 15° Elevation und derselben Ladung 817 Metres betrugen, indem sich mit der gezogenen Bombenkanone die mittleren Schußweiten zu 1630 Metres und zu 3620 Metres ergeben haben. Bei diesem Geschütze betrug die Totalschußweite, indem die Spitzgeschoße ihren Lauf noch nach dem ersten Aufschlage fortsetzten, mit 5° Elevation 4050, mit 15° Elevation 4150 Metres, bei der gewöhnlichen Bombenkanone nur 2750 und 2850 Metres.

Die Seitenabweichungen fielen jedoch bei dem gezogenen Rohre schon bei den ersten Aufschlägen nicht unbedeutend aus und zeigten sich beständig nach jener Seite hin, wohin sie durch die Spiralbewegung der Geschoße vermöge der Richtung der Züge hervorgerufen waren, nämlich rechts. Sie betrug bei der 30 Pfünder Bombenkanone auf 3000 Metres 75 Metres, bei der 50 Pfünder Bombenkanone mit 5° Elevation auf 2000 Metres 20 Metres, mit 15° Elevation auf 4000 Metres 100 Metres.

§. 12. Wenn gleich auf diese Weise die gezogenen Geschützrohre den Spitzgeschoßen große Seitenabweichungen ertheilt haben, so kam diese Erscheinung doch mit einer ungemein großen Regelmäßigkeit stets nach nur einer Seite hin vor. Die Ursachen dieser Ablenkung (Derivation) des Geschosses sind dieselben, wie sie bekanntlich bei den gezogenen Handfeuerwaffen vorkommen. Wegen des constanten Verhaltens dieser Ablenkungen ließ sich aber auch bei den gezogenen Geschützrohren ebenso, wie bei den Handfeuerwaffen von Tamisier dargethan ist, durch ein ähnliches Mittel wie dort eine horizontale Correction der Visirlinie für die wachsenden Entfernungen erzielen und die Trefffähigkeit bedeutend steigern. So hat man z. B. nach französischen Angaben gefunden, daß die Cavallische gezogene 30 Pfünder Bombenkanone mit dem cylindro-ogivalen Geschoffe, 4 Kilogrammes Ladung, 13° Elevation und bei erreichter mittlerer Schußweite von 3470 Metres eine mittlere Seitenabweichung von 89 Metres ergab, wobei die Differenz zwischen der größten und kleinsten dieser Abweichungen nur 20 Metres betrug. Hieraus konnte gefolgert werden, daß — wenn auf diese Entfernung eine Correction der Visirlinie stattfindet, die einem 89 Metres mehr zur Linken gelegenen Richtungspunkte des Rohres entspricht — man nur eine mittlere Seitenabweichung von 6,8 Metres erhielte.

Nach einem hieraus abgeleiteten Gesetze hat Cavalli auf der rechten Seite des Geschützrohres eine Vorrichtung angebracht, welche die Regulirung der in die Horizontalebene durch die Seelenachse gelegten Visirlinie für die verschiedenen Entfernungen gestattet, und in einem auf dem rechten Schildzapfen angeschraubten Aufsatze und einem auf derselben Seite am Bodenstücke eingelassenen Visire besteht, welche Vorrichtung die Benennung „Horizontalaufsatz" erhielt.

Die im Jahre 1854 zu Turin mit einem so ausgestatteten 30 Pfünder gezogenen Bombenkanonenrohre angestellten Versuche lieferten in Beziehung auf Trefffähigkeit die nachstehenden Resultate.

Vertical-Aufsatz	Horizontal-Aufsatz	Schußweite.	Größte Längenabweichung nach der mittl. Schußweite.	Seitenabweichung.
Grad.	Millimetres.	Metres.	Metres.	Metres.
10	43,2	2806	42 ÷ 59	2,81
15	53,2	3785	57 64	3,21
20	93,3	4511	60 ÷ 65	3,72
25	150,2	5103	40 ÷ 42	4,77

Bei einem anderen Versuche gab dieses Geschütz mit 30 Grad Elevation eine Schußweite von 5660 Metres und eine Seitenabweichung von 4,77 Metres. Diese auf praktischem Wege ermittelten Zahlen liefern unstreitig für die gezogenen Geschützrohre den Beweis, daß deren Treffähigkeit diejenige der glattgebohrten Rohre weit übersteigt, wenn man bedenkt, daß sich für die glattgebohrte französische 22 centimetrische Haubitze schon auf 2400 Metres, als mittlere Seitenabweichung 47 Metres und als mittlere Längenabweichung 52 Metres ergeben.

§. 13. In Betreff der Perkussionskraft der angewandten cylindro-ogivalen Geschosse findet man angeführt, daß sich eine beträchtliche Tiefe des Eindringens derselben in den Boden kund gab, und daß diese daher auch in dieser Beziehung den sphärischen Geschossen aus der 22 centimetrischen Haubitze bedeutend überlegen seien, welche letztere bei der Anwendung der größten Ladung von 3,5 Kilogrammes über 1200 Metres hinaus für die Granate nicht einmal mehr so viel Geschwindigkeit besitze, daß sie sich in den Rumpf eines Schiffes einbohre. Bei dem 30 Pfünder Spitzgeschosse zeigte sich auf 2650 Metres dessen Eindringen in feste Erde bis zu 3,5 Metres.

Zu den in den Jahren 1852, 1853 und 1854 zu Turin stattgehabten Versuchen wurde auch eine 6 Pfünder gußeiserne Feldkanone von 86 Millimetres Bohrung beigezogen, welche nach dem gleichen Systeme mit 2 Zügen versehen war, die auf 2,22 Metres Länge einen Umgang hatten; das Rohrgewicht betrug 750 Kilogrammes. Die Geschoße waren cylindro-ogival mit 2 Flügeln, und zwar entweder hohl zu 6 oder massiv zu 8 Kilogrammes schwer. Die mit 100, 200 und 300 Grammes und horizontaler Richtung erreichten Porteen waren bei den Hohlgeschoßen 101, 207 und 285 Metres; mit 1,2 Kilogrammes Ladung und 50 und 70 Millimetres Höhen-Aufsatz bei den Hohlgeschoßen 1281 und 1350 Metres, bei den Vollgeschoßen mit derselben Ladung und 70 Millimetres Aufsatz 1312 Metres. Auf 1350 Metres zeigte das Hohlgeschoß bei einem Aushalten des Rohres von 17 Millimetres zur Linken noch eine Seitenabweichung zur Rechten von 2,5 Metres.

Schon die ersten Versuche Cavalli's im Jahre 1846 hatten im darauffolgenden Jahre die Bestellung von 20 Stücken Dreißigpfünder gußeisernen gezogenen Bombenkanonen von Seite der sardinischen Regierung bei der Geschützgießerei zu Aker in Schweden zur Folge, welche für die Bewaffnung des Hafens von Genua bestimmt waren, und zogen mit den bis zum Jahre 1854 gefolgten Vervollkommnungen zunächst die Aufmerksamkeit der französischen Artillerie auf sich, die sich seit ihren ersten Versuchen im Jahre 1851 zu Vincennes mit broncenen gezogenen Geschützrohren kleinen Kalibers auf das Eifrigste mit der Einführung der gezogenen Geschützrohre und Spitzgeschoße beschäftigte. —

System Wahrendorff.

§. 14. Mit gezogenen gußeisernen Kanonenrohren sehen wir zwar schon vor Cavalli den schwedischen Eisenwerkbesitzer zu Aker Freiherrn von Wahrendorff im Jahre 1843, ebenfalls in Verbindung mit der Ladung des Geschützes von rückwärts auftreten; er bediente sich jedoch damals noch der reinsphärischen Geschoße, die er zum Eingreifen in die Züge des Rohres soweit mit Blei überzog, daß der Kugeldurchmesser die Seele um etwas überragte.

Als aber Cavalli mit seinen Spitzgeschoßen aufgetreten war,

nahm auch Wahrendorff im Jahre 1851 für sein Kammerladungsgeschütz ein Spitzgeschoß an, und veränderte dabei den hinteren
Rohrverschluß. Derselbe wurde durch einen Cylinder a (Fig. 7)
bewerkstelligt, dessen Lage ein zweiter durch das Rohr und den Ver-
schlußcylinder gesteckter Quercylinder b sicherte. Ersterer erhielt
auf seiner vorderen Fläche einen conischen Zapfen c, der jedoch
mit seinem kleineren Durchmesser auf dem Cylinder sitzt. Dieser
Zapfen war mit einem stählernen Reife d umgeben, der nach rückwärts in die sich zwischen Zapfen und Cylinder gebildete Vertiefung
karnießartig eingreift und an einer Stelle geschlitzt war.

Wahrendorff wählte das Kaliber einer 32 Pfünder Kanone
zu 160 Millimetres Bohrungsdurchmesser. Er gab seinem Rohre
6 breite und seichte Züge von nur geringem Drall, welche von der
Mündung bis zum Pulversacke (Kammer) reichten; dieser letztere Theil
blieb glatt gebohrt und erweiterte sich gegen hinten conisch bis zur Tiefe
der Züge um 14,8 Millimetres. Das Spitzgeschoß ef war von
cylindro-conischer Konstruktion aus Gußeisen, hatte einen ganz
glatten Bleimantel, der über den cylinderischen Theil gänzlich
und bis zur Hälfte der conischen Spitze vorreichte, und sich durch
mehrere an der Eisenfläche nach verschiedenen Richtungen angebrachte
Rinnen äußerst fest verband. Diese Rinnen liefen, damit sich das
Blei weder abstreifen noch abdrehen konnte, theils kreisförmig um
den cylinderischen Theil, theils in der Richtung der Züge des Rohres.
Das auf diese Weise erhaltene Geschoß erreichte für ein Geschützrohr
mit der Bohrung des 12 Pfünders ein Gewicht von 13,5 Kilogrammes.
Der gußeiserne Kern des Geschoßes ist hohl und an dessen Spitze
befindet sich ein einfacher Zündkegel mit aufgesetztem Zündhütchen.
Mit dem Bleimantel füllt das Geschoß die weiter als die Seele
glattgebohrte Kammer ganz aus, wodurch der Geschoßdurchmesser so
vergrößert ist, daß sich der cylinderische Theil bei der Entwicklung der
Treibkraft der Pulverladung durch die Züge des Rohres drängen muß.

§. 15. Hierin unterscheidet sich das Konstruktionssystem Wahrendorff's wesentlich von dem Cavalli's, indem bei ersterem,

dem Principe der sogenannten Kammerladungsgewehre (Ladung von rückwärts) folgend, das in die etwas weiter als die Seele ausgebohrte Kammer gebrachte Geschoß, nach dem Abfeuern des Geschützes, während es von dem Pulvergase vorwärts geschoben und in die Züge eingepreßt wird, sich luftdicht anschließt, und dadurch eine entsprechende Führung zur Annahme einer Spiralbewegung um seine Längenachse erlangt. Das System Wahrendorff's beruht demnach auf dem Principe der Einpressung des Geschoßes mittelst der Pulverkraft der Ladung, was jedoch in einer dem Minié'schen Systeme ganz entgegengesetzten Weise ausgeführt wird, indem bei ersterem Systeme das Einpressen des Geschoßes in die Züge durch dessen Zusammendrücken (Pression) in der Richtung der Längenachse stattfindet, während bei letzterem Systeme dieses Einpressen durch die Ausdehnung des Geschosses (Expansion) an seinem rückwärtigen Umfange eintritt. Das Geschoß Cavalli's bleibt dagegen selbstverständlich unverändert in seiner Gestalt. —

Als eine besondere Beachtung gilt indessen für die Konstruktion der Seele bei dem Systeme Wahrendorff, den Zügen nur einen geringen Drall und wenig Tiefe zu geben und mit abgeflachten Kanten zu versehen; der Kammer keine größere Bohrung zu geben, als der Geschoßdurchmesser gerade erfordert, um das Geschoß stets in die centrale Lage mit der Seelenachse zu bringen; die Ausfräßung des an die Kammer anschließenden Theiles der Seelenwand genügend lang zu machen, damit der Uebergang aus der weiteren Bohrung in die engere nicht zu plötzlich stattfinde.

§. 16. Die äußerst günstigen Resultate, welche nach einem schwedischen Berichte vom Jahre 1851 mit einigen aus der Gießerei zu Stora Kopparberg hervorgegangenen und in Gegenwart des Königs und des Kronprinzen von Schweden versuchten Geschützen Wahrendorff's erlangt wurden, führten die Armirung der Festung Warholm mit gezogenen Geschützen dieses Systems herbei. Auch stehen seit 1850 in den Batterien zu Portsmouth 8 zöllige Wahrendorff'sche Bombenkanonen. In dem Jahresberichte der schwedischen

Akademie der Kriegswissenschaften vom Jahre 1857 findet man erwähnt, daß von den Wahrendorff'schen Kanonen sich in den schwedischen Festungen bereits 92 und in Preußen 20 Stücke im Gebrauche befinden.

In Beziehung auf Trefffähigkeit der gezogenen Geschütze mit Spitzgeschossen nach dem Systeme Wahrendorff erfährt man aus den Berliner Versuchen vom Jahre 1851, daß die Geschosse zu 24 Pfund (11,208 Kilogrammes) Gewicht, aus der mit dem 12 Pfünder Kaliber gebohrten Kanone bei der Ladung von nur 1 Pfund (0,47 Kilogr.) auf 400 Schritt (300 Metres) und bei der Ladung von 1½ Pfund (0,70 Kilogr.) auf 800 Schritt (600 Metres) mit allen Schüssen eine Scheibe von 4 Fuß (1,24 Metres) Breite und Höhe trafen. Die Spitzgeschosse rikoschettirten dabei auch ganz gut und kamen nicht aus der Richtung.

System Armstrong.

§. 17. Dem Principe der Ladung von rückwärts folgte auch der Engländer Robert Armstrong (Civilingenieur in Newkastle-upon-Thne), welcher schon im Jahre 1854 seine ersten Versuche anstellte, bis seine Idee erst allmählig soweit reifte, daß er sein Produkt im Jahre 1859 in größerer Ausdehnung einer kommissionellen Prüfung übergeben konnte (Fig. 8).

Aus dem vollen Bodenstücke der Kanone ist von oben bis über die Bohrung hinaus ein parallelepipedisches Stück a geschnitten, welches eine solche Länge besitzt, daß die Patrone sammt dem Spitzgeschosse in die dadurch entstehende Oeffnung gebracht werden kann und etwas breiter als das Bohrungskaliber ist. Das Verschlußstück hat oben 2 Handhaben b, b und an seiner Stirnseite eine Kupferplatte c, welche dort, wo sie an die sich hinten etwas erweiternde Bohrung schließt, stärker ist und diese überragt. Wird das Verschlußstück von rückwärts angedrückt, bringt die Platte c in einen für sie angebrachte Falz, wo sich das Kupfer bei der Entzündung der Pulverladung etwas ausdehnt, und dadurch noch inniger zu einem vollständigen Verschlusse anschmiegt. Das Andrücken des Verschlußstückes geschieht mit Hilfe einer starken D r u ck sch r a u b e d, die von rückwärts durch das volle Bodenstück geht und das Verschlußstück vorwärts schiebt, wenn man sie mittelst eines an ihrem hinteren Ende durchgesteckten Schlüsseldorns anzieht.

Das vordere Ende des Verschlußstückes, welches den eigentlichen Stoßboden des Rohres bildet, ist in der Verlängerung der Seelenachse etwas ausgehöhlt, wozu selbstverständlich die aufgelegte Kupferplatte c durchbohrt ist. In diese Aushöhlung wird, wenn man das Geschütz ladet, eine kleine Entzündungspatrone, mit Knallquecksilber oder einem ähnlichen Knallstoffe gefüllt, gesteckt.

Das Zündloch ist schief in das Verschlußstück an jene Aushöhlung geführt, so daß, wenn das Zündröhrchen abgebrannt wird, die Entzündung der Geschützladung durch Vermittlung der kleinen Entzündungspatrone sicher erfolgen muß.

Nach einem späteren Antrage wurde das sehr beschwerlich ein- und auszuhebende Verschlußstück entfernt und die Druckschraube als eine Schwanzschraube benützt (Fig. 9, a), welche mittelst einer schlittenartigen Führung b c aus- und eingeschraubt werden kann.

§. 18. Das Armstrong'sche Geschützrohr ist aus Gußstahl gefertigt und mit spiralförmig aufgelegten, gewalzten, schmiedeisernen Stangen umwunden, wie es beiläufig bei den sogenannten Bandläufen der Jagdgewehre und Scheibenstutzen geschieht, indem man auf die erste Lage eine zweite solcher Stangen so auflegt, daß sie sich mit der ersten Lage in entgegengesetzter Richtung spiralförmig kreuzen. Die Seele hat eine beträchtliche Anzahl feine, knapp neben einander liegende Züge, welche bei einer Bohrung von 2½ Zoll (64 Millimeters) die Zahl von 44 erreichen und auf die ganze Länge der Bohrung einen ganzen Umgang besitzen. Die Kammer ist, wie bei allen Kammerladungsgeschützen, etwas weiter als der gezogene Theil der Bohrung. Das Gewicht eines auf solchem eigenthümlich technischen Wege fabrizirten Rohres kann bei der Stärke und Festigkeit des Materials im Vergleiche zum Bronce oder Gußeisen bedeutend gemindert werden, so daß es möglich war, ein 18 Pfund (8,164

Kilogr.) schweres Geschoß aus einem Geschützrohre zu schießen, das nicht schwerer als der gewöhnliche englische 9 Pfünder ist. Nach einer späteren Schilderung heißt es, daß ein Armstrong'scher 18 Pfünder nicht mehr als ½ des gewöhnlichen 18 Pfünders wiegt.

Das Geschoß, aus Eisen hohl gegossen, ist chlindro-ogival mit abgerundeter Spitze und an der chlindrischen Oberfläche mit zwei fest verbundenen Bleireifen überzogen, mit welchen es sich in die Züge des Rohres preßt, wenn es durch die Gewalt des entwickelten Pulvergases aus dem Zustande der Ruhe in die Bewegung übergeht. An der Geschoßspitze kann ein Perkussions- oder ein Kontusions-Zünder angeschraubt werden.

§. 19. Nachdem Armstrong im Jahre 1854 sein Projekt zuerst vorgelegt hatte, wurde anfangs ein leichtes Feldgeschützrohr nach seiner Konstruktion gefertigt. Dieses Rohr erhielt eine Bohrung von 2 Zoll (50 Millimetres) wog 5 Zentner (226,8 Kilogrammes) und wurde auf eine 6 Pfünder Lafette gelegt. Das chlindro-ogivale, eiserne Hohlgeschoß war 6⅕ Zoll (162 Millimetres) lang und wog mit der Bleiumhüllung 5 Pfund (2,268 Kilogrammes). Auf 1500 Yards (1372 Metres) trafen von 14 solchen Geschossen 8 das 5 Fuß (1,52 Metres) breite und 7½ Fuß (2,28 Metres) hohe Ziel bei einer Pulverladung von 5 Unzen (142 Grm.) und einer Elevation von 4° 26'; die mittlere Seitenabweichung betrug 11¼." (0,287 Metres).

§. 20. Die Perkussionskraft dieses 5 pfündigen Geschoßes, an welches Armstrong an die Stelle des Perkussionszünders eine eiserne oder stählerne Spitze anschraubte, war der Art, daß es auf 1500 Yards (1372 Metres) noch eine 3 Fuß (0,9 Metres) dicke, von 6 Läden aus Ulmenholz solid zu einem Blocke verbundene Scheibe durchschlug. Ein anderes Spitzgeschoß von 12 Pfund (5,443 Kilogrammes) Gewicht durchdrang auf 800 Yards (730 Metres) einen 9 Fuß (2,7 Metres) dicken eichenen Klotz. Auf 400 Yards (365 Metres) schlug ein, im Jahre 1859 zu Versuchen mit größerem Kaliber für ein nach Armstrong'schen Systeme konstruirtes 32 Pfünder gezogenes Rohr angewandtes Spitzgeschoß einen Theil von einer der eisernen Platten der schwimmenden Batterie Trusty ein, drang durch die Seitenwand, riß einen Balken weg und fuhr über das dritte Verdeck wieder hinaus. Die Tragweite dieses 32 Pfünders soll bei der angewandten Ladung von 5 Pfund (2,268 Kilogrammes) 8450 Yards, d. i. fast 5 englische Meilen (7—8000 Metres) betragen haben, und der Grad der Trefffähigkeit noch so ausserordentlich gewesen sein, daß sie 7mal mehr als bei dem gewöhnlichen 32 Pfünder auf 1000 Yards betrug. Auf 1000 Yards (912 Metres) soll aber jedesmal die Scheibe (welche?) getroffen worden sein. —

In Gibraltar ist man mit dem Baue einer eigenen Batterie begriffen, welche mit 30 Armstrong'schen Kanonen armirt wird, die von so schwerem Kaliber sind, daß zu ihrer Fortschaffung 13 Maulthiere erforderlich sind. Zwei großartige Anstalten, in Woolwich und Newkastle, sind zur Fabrikation solcher Geschütze etablirt worden.

Nach einem aus London vom 24. August 1859 in die allgemeine Militärzeitung übergetragenen Berichte soll es Armstrong gelungen sein, gewöhnliche Geschützrohre in gezogene umzuwandeln, wofern sie genug Metallstärke besitzen, um diese Operation zu gestatten. Ein Versuch mit einer so geänderten 32 Pfünder Kanone soll bei jedem Schusse auf eine Scheibe von 1,83 Metres im Quadrate die größte Genauigkeit im Treffen gezeigt haben. Sind die Maschinen alle fertig, heißt es in jenem Artikel, wird die ganze Flotte bald mit gezogenen Kanonen ausgerüstet sein.

System Eastman.

§. 21. Ausserdem haben sich noch Andere mit der Konstruktion gezogener Geschützrohre, beziehungsweise solcher mit der Ladung von rückwärts beschäftigt.

Der Nordamerikaner Eastman brachte im Jahre 1853 ein Kammerladungsgeschütz mit gezogener Seele in Vorlage, das in Boston und South=Boston einer Reihe von Versuchen durch Artillerie=Offiziere unterworfen wurde. (Fig. 10.) Der Verschluß am Stoßboden war dabei durch eine Patent-Schwanzschraube mit Kammer bewerkstelligt, welche mittelst einer einfachen Vorrichtung herausgenommen und wieder eingesetzt werden kann. Die im Jahre 1855 für das englische Arsenal zu Woolwich nach diesem Principe aus dem besten amerikanischen Gußeisen in solcher Stärke angefertigten 6 Kanonenrohre, daß das Kaliber mit geringen Kosten für Versuchszwecke vergrößert werden kann, besaßen folgende Konstruktion.

Der cylinderische Umfang der Schwanzschraube a ist parallel mit der Achse in 6 gleiche Theile getheilt und das Gewinde daran ist durch glatte Einschnitte bei 3 solchen Theilen unterbrochen. Das Gewinde hat 7 Schraubengänge, jeden zu 22,5 Millimetres Stärke. Diesem entsprechend ist das Muttergewinde b in dem Rohre auf gleiche Weise beschaffen. Wird die Schwanzschraube in eine Lage gebracht, daß die mit Schraubengängen versehenen Abtheilungen den glatten Einschnitten der Mutter gegenüber zu stehen kommen, so kann die erstere leicht in die letztere geschoben werden, und es bedarf nur einer 1/6 Umdrehung der Schwanzschraube, so greifen die Schraubengänge in die Muttergänge ein, und Schwanzschraube und Rohr werden dadurch dicht aneinander gedrückt.

Um das Rohr zu laden, dient nachstehender Mechanismus. Mit einem die Schwanzschraube umgebenden eisernen Reife c sind zu beiden Seiten die kleinen Getriebe d, d verbunden, welche auf den an den Seiten des Rohres horizontal befestigten Zahnstangen e, e laufen. Die Schwanzschraube läßt sich innerhalb des Reifes c drehen; diese Bewegung wird aber durch die Anhalter f, f beschränkt. Die Traube ist durchlocht, um einen Schlüsseldorn durchstecken zu können, und die Getriebe d, d sind mit viereckigen Zapfen versehen, um sie mittelst angesteckter Kurbeln längs der Zahnstange bewegen zu können.

Soll das Geschütz geladen werden, steckt der Kanonier den Schlüsseldorn durch die Traube und dreht die Schwanzschraube so weit, bis die Schraubengänge außer Eingriff kommen; hierauf werden die zwei

Getriebe in Bewegung gesetzt und dadurch die Schwanzschraube aus dem Rohre gezogen. Die Traube wird abwärts gedrückt und das vordere Ende soweit in die Höhe gebracht, daß die Patrone in die Kammer geschoben werden kann. Durch das entgegengesetzte Verfahren wird das Geschütz zum Feuern bereit gesetzt.

§. 22. Von den angefertigten 6 gezogenen Geschützrohren erhielten 3 die Bohrung von 209,5 und 3 eine solche von 158,7 Millimetres. Die Bohrungslänge betrug 3,65 Metres, auf welche die Seele 5 mit den Feldern gleich breite Züge besaß. Ein solches Rohr mit der Schwanzschraube wog 16½ Tonnen, die Schwanzschraube für sich 5 Tonnen.

Bei den stattgefundenen Versuchen wurden aus dem Rohre kleineren Kalibers sphärische, aus demjenigen größeren Kalibers cylindro-conische Geschoße mit Bleiringen gefeuert. Die letzteren Geschoße erreichten mit 24° Elevation und 1,359 Kilogrammes Ladung eine Tragweite von 3920 Metres, auf welch' günstige Resultate hin der britische Kriegsminister Lord Panmure dem amerikanischen Konstrukteur sein Patent abgekauft haben soll.

§. 23. Im Jahre 1853 wurden zu Birmingham und zu Woolwich Versuche mit einem von rückwärts zu ladenden gezogenen Geschützrohre des Engländers Dr. Church vorgenommen, welche bei 50 Schüssen mit starker Ladung eine große Trefffähigkeit zeigten.

Der Belgier Montigny konstruirte im Jahre 1858 eine von rückwärts zu ladende Kanone, welche nur die Hälfte der bisherigen Ladung bedurfte und eine größere Wirkung hervorbrachte.

Zu Capua wurden in demselben Jahre Versuche mit 6 Pfünder gezogenen Feldkanonen angestellt, welche nach Angabe des neapolitanischen Artillerie-Majors Muratti konstruirt waren. Das Spitzgeschoß soll bei der Entfernung von 3000 Metres noch 1,85 Metres tief in den als Kugelfang aufgeworfenen Erdwall gedrungen sein.

Im Anfange des Jahres 1859 findet man in den englischen

Blättern die amerikanischen gezogenen Kanonen mit ihren cylindro-ogivalen Sprenggeschoßen, wegen ihrer hohen Trefffähigkeit auf den größten Entfernungen, rühmlichst erwähnt. —

§. 24. Es ist unverkennbar, wie augenscheinlich diese vor uns liegenden Versuche zur Umgestaltung des seitherigen Geschützkonstruktionssystemes in ein neues vervollkommteres, in Uebereinstimmung mit den bei den Handfeuerwaffen jetzt feststehenden Thatsachen den Beweis liefern, daß durch gezogene Geschützrohre und Spitzgeschoße die Wirkung der Artillerie durch Erreichung einer erhöhteren Trefffähigkeit, vergrößerten Tragweite und gesteigerten Perkussionskraft bedeutend gewinnen und diese Waffengattung wieder zu ihrem Uebergewichte über die Handfeuerwaffen gelangen müsse. —

Leider muß man indessen dabei bemerken, daß auch Cavalli, Wahrendorff und Armstrong nach dem Ziele strebten, ihre Konstruktionen vorzugsweise auf möglichst große Kaliber anzuwenden, und an das mit so vielen Schwierigkeiten für einen hermetischen und dauerhaften Rohrvorschluß verknüpfte Princip der Ladung von rückwärts zu binden. Um diese Schwierigkeiten beurtheilen zu können, haben wir absichtlich die bekanntesten Konstruktionen dieses Princips wiedergegeben, woraus sich zugleich erkennen läßt, daß jeder Verschlußmechanismus eine unvortheilhafte Verlängerung und Verstärkung des Bodenstücks und Vergrößerung des Rohrgewichts erheischt.

Es frägt sich darum zunächst, ob die der gegenwärtigen Artillerie vorbehaltene Aufgabe wohl auf keinem anderen Wege, als durch eine Vergrößerung des Kalibers ihre Lösung finden könne? —

§. 25. Die thatsächlich vorliegenden Vervollkommnungen der Handfeuerwaffen lassen diese Frage mit aller Zuversicht bejahen, indem dieselben uns deutlich vorzeichnen, die Bahn hiezu gerade in entgegengesetzter Richtung von der nach obiger Darstellung betretenen, nemlich durch Verkleinerung des Kalibers, d. h. durch Verminderung der Seelenweite einzuschlagen. — Nur die Befolgung desselben Weges und das Streben nach dem nemlichen

Ziele kann für die Artillerie von ersprießlichen Folgen sein: Mit Geschützen kleinen Kalibers und mit verminderter Pulverladung die Treffsähigkeit, Tragweite und Perkussionskraft in dem Grade zu erhöhen, daß sie diejenigen Wirkungen größerer Kaliber überragen, ohne die geringere Beweglichkeit der letzteren mit in den Kauf nehmen zu müssen.

Damit muß aber auch das Einbringen der Ladung von rückwärts, das Kammerladungsprincip, verlassen und das Einführen der Ladung von der Mündung aus erstrebt werden; denn keiner der bekannten Verschluß-Mechanismen gewährt — wie oben dargestellt — volle Sicherheit und Dauerhaftigkeit, und jeder bedingt zu seiner Anbringung hinter dem Bodenstücke noch eine unnöthige Verlängerung und darum eine Gewichtsvermehrung des Rohres.

Systeme der Geschoß-Expansion und Kompression.

§. 26. Zur Erreichung dieser Ziele stünden uns nach den gegenwärtigen Konstruktionsgrundzügen der Handfeuerwaffen beinnahe nur mehr zwei Wege offen: nämlich der durch Expansion oder jener durch Kompression der Geschoße, wie man ersteren bei den Handfeuerwaffen nach dem bis jetzt dem französischen Capitäne Minié zuerkannten[*], und letzteren bei jenen nach dem Principe des englischen Gewehrfabrikanten Wilkinson[**] eingeschlagen findet. Unter

---

[*] Dieses Princip der Geschoßexpansion, welches — wie nun bekannt — zuerst in Reichenbach's Konstruktions-Systeme aufgetreten, ist das am meisten verbreitete, und hat auch bei dem von dem bayerischen Artillerie-Oberstlieutenante Freiherrn von Podewils für das neue bayerische Infanteriegewehrsystem konstruirten Expansivgeschoße seine Anwendung gefunden.

[**] Welchem Principe der österreichische Artillerie-Oberlieutenant Lorenz bei seiner Konstruktion der Kompressivgeschoße für das neue österreichische Gewehrsystem folgte.

den in beiden Richtungen vorliegenden Projekten sind die nachstehenden Geschoß-Konstruktionen bekannt geworden.

Geschoß Charrin.

§. 27. In dem „Journal de l'armée belge, recueil d'art, d'histoire et des sciences militaires", Jahrgang 1856, findet man von dem belgischen Lieutenant Charrin ein Expansivgeschoß für gezogene Geschützrohre in Vorschlag gebracht. Dasselbe ist von cylindro-ogivaler Form (Fig. 11). Der Geschoßkörper ist von Gußeisen, besitzt von der Basis aus eine conische Vertiefung, die sich nach unten erweitert, und von dieser aus in sich senkrecht durchkreuzenden Richtungen vier Durchlochungen a (Expansions-Oeffnungen) nach dem cylinderischen Theile des Geschoßes; an der Außenseite dieses Theiles befindet sich eine seichte, aber sehr breite Rinne b, in welche die vier Expansions-Oeffnungen a endigen. Diese Rinne ist für das Kaliber des 6 Pfünders 0,05 Metres breit und 0,006 Metres tief. Außerdem befinden sich ober- und unterhalb dieser Rinne noch 2 Nuthen, die entweder das Anbinden des Patronensäckchens oder eines gefetteten Pflasters gestatten. Die Rinne wird mit Blei ausgegossen, so daß dieses den cylinderischen Theil umhüllt und die Expansions-Oeffnungen verschließt (Fig. 12).

Das broncene Geschützrohr erhält 4 Züge zu 0,035 Metres Breite und 0,003 Metres Tiefe; deren Drall ist von der Art, daß auf 3 Metres Länge ein Umgang stattfindet. Der Spielraum des Geschoßes soll 0,002 Metres betragen. Der gußeiserne Geschoßkörper für die 6 Pfünder Kanone wiegt 3,7 Kilogrammes, das mit der Bleiumhüllung ganz fertige Geschoß 4,75 Kilogrammes.

§. 28. Bei der Entzündung der Pulverladung wirken die in der Geschoßhöhlung vereinigten treibenden Gase auf die 4 Expansions-Oeffnungen und drücken die Bleiumhüllung in die Züge des Rohres. Dieses Eindrücken des Bleireifes beschränkt sich nicht blos auf die Flächen unmittelbar über den Expansions-Oeffnungen, indem die nach dem Inneren der etwas gelüfteten Umhüllung bringenden Gase eine Expansion des Bleireifes auf dem ganzen Umfange des Cylinders veranlassen. Als ein besonderer Vortheil dieser Geschoß-Konstruktion ist angeführt, daß die Geschoßhöhlung die Pulvergase zusammenhält, und diese mit nur geringem Verluste auf das Geschoß wirken.

Spätere an dem Geschoße angebrachte Verbesserungen lassen nachstehende Veränderungen bemerken: Die 4 Expansions-Oeffnungen, welche anfangs cylinderisch waren, sind nur an der Geschoßhöhlung kreisrund und erweitern sich an der äußeren Cylinderfläche zu einem Ovale (Fig. 13 c, c), so daß der geschlossene Zwischenraum nur 0,012 Meter beträgt, um die direkte Wirkung des Gases gegen eine größere Fläche der Bleihülle hervorzubringen. Die Rinne für den Einguß der Bleiumhüllung ist an ihrer oberen und unteren Kante schief eingeschnitten, damit der Gasdruck den Bleireifen nicht von dem Geschoße zu trennen vermag. In dem Raume zwischen je 2 der äußeren Oeffnungen für die Expansion ist ein eiserner Zapfen d, d angegossen, der die Bestimmung hat, eine seitwärtige Drehung des Bleireifens zu verhindern.

Geschoß Zöller.

§. 29. Ueber diese Geschoß-Konstruktion Charrin's findet man von dem württembergischen Artillerie-Oberstlieutenante Zöller (in dem Archive für preußische Artillerie- und Ingenieur-Offiziere, 1859) nachstehende Aeußerung, und den Vorschlag eines anderen Expansivgeschoßes oder eines Kompressivgeschoßes für gezogene Broncerohre.

Der Vorschlag Charrin's gibt zu folgenden Bedenken Anlaß: 1) Wird der Bleimantel dort nicht bersten, wo ihn der Gasdruck aus der Expansions-Oeffnung direkt trifft? — 2) Treffen die erlangten Ausbauchungen des Bleimantels gerade immer auf die Züge, und bleiben nicht Stellen zwischen den ersteren ohne Zügeausfüllungen je mit dem früher bestandenen Spielraume? —

Stets wird die Anwendung von Blei die Nachtheile zeigen, daß dieses Metall am Geschützmetalle hängen bleibt — die Züge verbleit — wenn besonders das Rohr durch anhaltendes Feuern bereits einen gewissen Wärmegrad erlangt hat. Das Blei, obgleich weicher als Bronce, wird bei längerem Feuern selbst die Züge verderben. Es lag daher die Frage nahe, ob sich nicht ein anderer milderer Stoff dafür substituiren lasse. Zöller begann seine Versuche damit, daß er einem zu ¼ der wirklichen Größe ausgearbeiteten, 14½ Kaliber langen 12 Pfünder broncenen Rohre, Modell einer früheren Napoleonischen Granatkanone, 5 Züge von 3,42 Millimetres Breite und 0,38 Millimetres Tiefe geben ließ, mit dem Dralle eines Halbkreises auf eine Länge von 261,8 Millimetres. Die Geschoße mit dem Gewichte von 61 bis 62 Grammes aus Gußeisen, und andere von 86,5 bis 88,2 Grammes aus einer Komposition von Wißmuth, Zinn und Blei, waren cylindro-ogival (Fig. 14) mit einem Einschnitte a am cylinderischen Theile. Der hintere Theil endete in zweierlei Formen; entweder in einem am Boden angebrachten kurzen Zapfen b oder mit einem abgestumpften Conus c. Um den Zapfen des ersteren Geschoßes war in einem vornen befindlichen Einschnitte eine Umhüllung aus 0,76 Millimetres dickem Leder oder Filz befestigt d, d. Die Absicht war, das Pulvergas soll zwischen Zapfen und Umhüllung einbringen, letztere in die Züge drücken und durch diese Expansion wie beim Kugelpflaster die Spiralbewegung des Geschoßes bewirken. An den Conus des zweiten Geschoßes wurde eine Art Becher e, e aus Leder oder Filz soweit gesteckt, daß er fest aufsaß. Dieser Becher sollte durch die Gasentwicklung der Pulverladung soweit über den Conus noch angedrückt werden, daß er durch die entstehende Kompression in die Züge trat.

Für die ersten 10 Schüsse betrug die Pulverladung 14 Grammes (¼ Kugelschwere), für die späteren Versuche aber nur 10,5 Grammes (⅙ Kugelschwere). Sämmtliche Geschoße stießen mit der Spitze am Ziele auf, und die Reste der Leder- oder Filzumhüllung zeigten die Eindrücke der Züge. Beides beweist, daß die Rotation des Geschoßes um dessen Längenachse erzeugt worden ist. Das Geschoß war von der Mündung aus leicht einzuführen, und ein Auswischen des Rohres war nicht nöthig.

Französisches System.
(Tamisier — Treuille.)

§. 30. Weder das Projekt Charrin's noch dasjenige Zöller's wurden jedoch weiter verfolgt*). — Dagegen erfuhr man durch Korrespondenzen aus Paris, wie man sich auch wieder in Frankreich — durch die volle Aufmerksamkeit des Kaisers Napoleon III., welche derselbe stets der Artillerie zuwandte, angetrieben — unausgesetzt mit der Einführung gezogener Geschütze, sowohl für den Feld= als für den Festungskrieg beschäftigte.

Schon vor dem Ausbruche des diesjährigen, so schnell geendeten Krieges in Italien macht die österreichische Militärzeitung aus einer solchen Korrespondenz darüber im Allgemeinen die Mittheilung, daß sich die Zahl der Kanonenkaliber nun auf zwei reducire: 12 Pfünder als Festungsgeschütz und 4 Pfünder**) als Feldgeschütz. Die Vollkugeln würden ganz abgeschafft, es gebe nur noch Hohlkugeln mit ihrer Doppelwirkung. Die Geschosse seien kegelförmig und mit Blei belegt, das in die Züge des Rohres eindringe und dem Schusse eine bisher unbekannte Genauigkeit verleihe. Die zum Belagerungsgeschütze bestimmten Zwölf-Pfünder sollten alle jene ungeheueren Kaliber ersetzen, welche so gerühmt worden sind, aber ohne Ausnahme von der gigantischen Feldschlange Mohammed's II. bis zur enormen Lancaster-Kanone der Engländer mangelhaft sind und nur die Kindheit der artilleristischen Kunst bekunden. Es heißt dann weiter: Die gezogenen 12 Pfünder ersetzen noch besonders die bisherigen 24 Pfünder, welche

---

*) Es müßte solches nur von dem letzteren bei den in Gmünd stattfindenden Versuchen mit gezogenen Kanonen der Fall sein, welchen Uebungen der König von Württemberg am 10. Oktober 1859 persönlich beiwohnte, worüber jedoch nichts Näheres bekannt geworden ist.

**) Nach der früheren Konstruktion von Gribeauval.

das überall angenommene Breschegeschütz sind. Man hat gegen eine starke Mauer eine 24 Pfünder-Batterie mit glattgebohrten Rohren armirt, in einer Entfernung von 22 Metres errichtet und eine zweite der ersten gleiche Mauer durch einen gezogenen 12 Pfünder aus einer Entfernung von 63 Metres beschossen. Es bedurfte für den gezogenen, fast in dreifacher Entfernung postirten 12 Pfünder nur halb so viel Zeit zum Bresche schießen als für den glatten 24 Pfünder. Die Geschosse aus dem gezogenen Rohre drangen in die Mauer bis zu einer Tiefe von 0,156 Metres und machten durch ihre Explosion einen bedeutenden Trichter. Hiezu bedurfte die gezogene 12 Pfünder Kanone nur eine Pulverladung von 1,175 Kilogrammes.

Die gezogene 4 Pfünder Kanone oder das Feldgeschütz soll nur 336 Kilogrammes wiegen und nur 0,5 Kilogramme Pulverladung bedürfen, um das Geschoß eine Viertelstunde weit zu treiben. Die Trefffähigkeit wird so groß geschildert, daß man auf 2920 Metres noch leicht einen Reiter treffen und schon in dieser großen Entfernung ein ganzes Kavaleriekorps vernichten könnte. — Dabei ist angeführt, daß die gezogenen Geschütze von der Mündung aus geladen werden, da man gänzlich davon abgekommen sei, die Geschütze von rückwärts zu laden, weil sich bei zahlreichen Versuchen ergab, daß dieses Verfahren voller Mißstände und Gefahren ist, die durch einige unerhebliche Vortheile nicht vermindert werden können. Bei diesen nur allgemeinen Umrissen gesteht der Berichterstatter selbst ein, daß man über die Hauptsache keinen Aufschluß erhalte, und glaubt derselbe, daß in dem Mittel zur Expansion des das Geschoß umgebenden Bleies das eigentliche Geheimniß liege.

§. 31. Ein Aufsatz in der allgemeinen Militärzeitung (Darmstädter) brachte jedoch alsbald nähere Aufklärungen, die von hoher Wichtigkeit waren und darüber belehren, daß die französische Artillerie bei ihrem neuen Geschütz-Konstruktionssysteme weder dem Principe der Expansion der Geschosse noch dem der Kompression derselben folgte, sondern die von Cavalli betretene Bahn, jedoch mit der Ladung des Geschützes von der Mündung aus, einschlug.

Nur bei der Marine-Artillerie hat man versuchsweise ein Geschützrohr eingeführt, welches 3 Züge hat, und von rückwärts geladen wird.

In jenem Aufsatze sind als die Seele aller dieser Neuerungen und Fortschritte der gegenwärtige Artillerie-Oberst Tamisier und der Oberstlieutenant Treuille-de-Beaulieu*) bezeichnet, indem sie die Grundidee verfolgten, das System der gezogenen Gewehre auf die Geschütze überzutragen. Der Verlauf der Versuche, welcher zu diesem bedeutenden Fortschritte in der Artillerie führte, war folgender:

Zuerst gab man dem Geschütze zwei Züge,**) jedoch dem Geschoße nur Ansätze (nicht Flügeln) in der Form von Warzen, von denen anfangs nur zwei einander diametral gegenüber, dann vier, und zwar zwei und zwei über- oder voreinander standen; diese Ansätze griffen in die Züge ein und folgten dem Dralle derselben. Diese Versuche zu Calais geschahen an einer 30 Pfünder Kanone mit dem Kaliber von 164,7 Millimetres; die Breite der Züge betrug 70 und deren Tiefe 10 Millimetres; sie hatten auf 6 Metres einen Umgang. Die zu den anfänglichen Versuchen angewandten Geschoße waren hohl von cylindro-ogivaler Gestalt, und erhielten ein Gewicht von 24,7 Kilogrammes. Die Ansätze sprangen 10 Millimetres vor, hatten eine Breite von 68 Millimetres und sonach einen Spielraum von 2 Millimetres. Die Ladung betrug 3,5 Kilogrammes (⅐ des Geschoßgewichts). Zwei Züge genügten indessen nicht; die zu starken Oscillationen nutzten Rohr und Ansätze zugleich stark ab. Sodann versuchte man es mit drei Zügen und sechs Ansätzen; das Geschoß erhielt dadurch drei Stützpunkte und die Resultate verbesserten sich. Man verdoppelte Züge und Ansätze, indem man dem Rohre sechs Züge und dem Ge-

---

*) Dieser in der neuesten Zeit für seine Verdienste um die Herstellung der neuen gezogenen Kanonen zum Obersten und Director der Ateliers de précision ernannt.

**) Wie Cavalli.

schosse zwölf Ansätze gab, und die Oscillationen verschwanden gänzlich, Rotation (Spiralbewegung) und Flugbahn waren ganz geregelt, dagegen blieb die Reibung zu stark, wodurch die Züge und Wände des Rohres schnell Schaden litten. Die dritte Verbesserung, bei der man jetzt stehen geblieben, besteht nun darin, daß man die Zahl der Ansätze (mit der Zahl der Züge gleich) auf sechs reducirte, die man nicht hinter- oder voreinander, sondern schachbrettförmig übereinander stellte (Fig. 17). Die Züge machen auf 2 Metres eine Windung (reducirt auf 1,5 Metres, welche ungefähr die Seelenlänge des Rohres beträgt).

§. 32. Die Geschosse von Eisen, in cylindro-conischer Form, sind jetzt sämmtlich Hohlgeschosse. Wenn man dieselben als Vollkugeln verwenden will, wird die Sprengladung durch Sand und Kleie ersetzt, um dasselbe Gewicht zu behalten, weil Sand allein specifisch schwerer ist als Pulver. Die Füllung des Geschosses geschieht durch eine Oeffnung an der Spitze, welche durch einen längs seiner Achse mit Satz gefüllten messingenen Schraubenstollen geschlossen wird, worauf man zur Zündung der beziehungsweise angebrachten Sprengladung ein großes Zündhütchen setzt. Der Oberst Susener soll diese Perkussionszünder wesentlich dadurch verbessert haben, daß er dem Schraubenstollen einen platten Kopf gab, und auf dessen Seite mehrere Zündkegel einschraubte, auf welche Zündhütchen gesetzt werden, um das Sprengen der Geschosse, von welcher Seite her dieselben auch einschlagen mögen, zu sichern. Nach österreichischen Angaben sollen bei den französischen Spitzgeschossen jedoch Perkussionszünder nicht angewendet worden sein. Der erwähnte messingene Schraubenstollen war dadurch zu einem tempirbaren Zünder eingerichtet, daß an dessen plattem Kopfe 6 Seitenlöcher mit Satzfüllungen für verschiedene Brennzeiten angebracht waren. Sämmtliche Geschosse sind im Innern ausgepicht.

Die Ansätze sind von Zink. Man hat, um die Abnützung der Züge zu vermindern, bei den letzten Schießversuchen zu Vincennes folgendes Verfahren eingeschlagen, und zwar, wie man behauptet mit größtem Erfolge. An den abgefeuerten Geschossen wurden die

Veränderungen beobachtet, die an den Ansätzen durch die Reibung der Züge entstanden waren; hierauf wurde den Ansätzen der neuen Geschoße genau dieselbe Gestalt gegeben, welche die Ansätze der schon gebrauchten durch den Schuß erhalten hatten; in Folge dessen bei dem von der Linken zur Rechten laufenden Dralle der Züge die Abrundung auf der linken Seite der Ansätze (bei a, Fig. 16 u. 17) schief abgekantet wurde. Durch dieses Mittel will man die Abnützung der Züge möglichst verringert haben, ja es wird sogar behauptet, daß in der richtigen Konstruktion der Ansätze das ganze Geheimniß bestehe, welches man bisher in einer besonderen Metall-Komposition gesucht hat.

§. 33. In Beziehung auf die Konstruktion der Geschützrohre erfährt man aus der genannten Zeitschrift im Allgemeinen Folgendes:

Die Bohrung des gezogenen broncenen 4 Pfünders beträgt 85,5 Millimetres*); die Züge (Fig. 15) haben 16 Millimetres Breite und 5 Millimetres Tiefe. Die Ansätze der Geschoße besitzen 14 Millimetres Breite und 5 Millimetres Höhe. Der Spielraum des Geschoßes ohne die Ansätze ist 0,5 bis 1 Millimetre, jener der Ansätze nicht ganz 1 Millimetre. Für die Feldartillerie sollen die Rohre das Uebergewicht nach hinten, für die Gebirgsartillerie aber nach vornen**) erhalten.

§. 34. Alle vorstehenden Angaben vermag der Verfasser gegenwärtiger Schrift durch erlangte mündliche und schriftliche, unter sich übereinstimmende Mittheilungen von Seite des russischen Generals K — und des früheren preußischen Hauptmanns R —, wovon ersterer Gelegenheit hatte, die neuen französischen Geschütze vor Beginn

---

*) Der Gribeauval'sche 4 Pfünder hat nur 84,2 Millimetres Bohrungsweite; derselbe scheint daher um 1,3 Millimetres weiter ausgebohrt worden zu sein.

**) Diese auffallende Abweichung von den bisherigen Konstruktionsgrundsätzen findet wahrscheinlich deßhalb statt, um die Entfernung des hinteren Rohrendes (Bodenfriese) von der Drehachse (den Schildzapfen) zu vermindern und dadurch diejenigen größeren Elevationen, welche im Gebirgskriege für den hohen Bogenwurf erforderlich sind, zu erzielen.

des Krieges in Italien zu Paris und letzterer nach dem Friedensschlusse die bei Magenta am 4. Juni durch das 3. Bataillon des Thyroler Kaiser-Jägerregiments eroberte gezogene Kanone in dem Zeughause zu Wien zu sehen — nicht allein zu bestätigen, sondern auch im Nachstehenden noch zu ergänzen.

Es ist um so mehr vom höchsten Interesse durch diese Mittheilungen zu erfahren, daß die Geschützrohre wirklich aus Bronce gegossen sind, als die Ansicht allgemein Platz gegriffen hat, daß broncene Rohre im gezogenen Zustande nicht anwendbar seien und die meisten Zeitungsberichte dahin lauteten, daß sie aus Gußstahl bestünden. Selbst die allgemeine Militärzeitung schreibt noch in Nr. 31 und 32 vom verflossenen Jahre unter dem Artikel „Frankreich": Die Artillerie-Schule zu La Fère, deren Präsident der General De la Hitte ist, hat sich für die Zweckmäßigkeit des Systems von Kanonen mit gezogenen Rohren ausgesprochen, und sollen dieselben nunmehr in der ganzen Artillerie eingeführt werden. Die kleinen Gebirgskanonen in Kabylien haben, so eingerichtet, auf 1600 Metres Entfernung treffliche Resultate gegeben. Das Geschoß ist hohl und mit einem Perkussionszünder versehen. Gußstahl wird hiezu als dasjenige Metall genannt, welches die Anforderungen des neuen Systems am besten befriedigt. Nach einer noch geheimen Fabrikationsmethode für große Massen Gußstahl zu 15 Tonnen (à 20 Centner) Gewicht ist eine in Vincennes erprobte Stahlkanone fabrizirt worden, mit welcher mehr als 3000 Schüsse gemacht wurden, ohne daß sie im mindesten Schaden litt, und welche Geschoße mit Flügeln gestattet. Die Umwandlung der Artillerie wird in Frankreich nichts kosten, da die 80 Millionen Francs, welche den Werth der Broncegeschütze ausmachen, die Kosten des neuen Materials decken. Dieser Vortheil hat den Kaiser bewogen, die gezogenen Geschütze in Frankreich einzuführen; und die übrigen Staaten werden voraussichtlich folgen. —

Ferners erfahren wir aus den Mittheilungen des russischen Generals und des ehemaligen preußischen Hauptmanns, daß das 4 Pfünder

Broncerohr mit Einschluß des Bodenstückes eine Länge von 1,420 Metres*) und zwei leichte Henkel hat. Die Seelenlänge ist 1385 Millimetres oder 16 Kaliber. Die 6 Züge und Felder sind an ihrem Zusammenstoße abgerundet. Auf dem rechten Schildzapfen ist für einen Horizontalaufsatz zur Regulirung der Derivation des Geschosses (Seite 14), ein Stück Eisen eingelassen und angeschraubt, und ist am Bodenstücke auf derselben Seite eine dreieckige Vertiefung, in welche ein Stück Metall mit Visireinschnitt gesteckt wird. Das Rohr hat ein Gewicht von 237 Kilogrammes.**)

§. 35. Die Geschoße (Fig. 17) sind aus Gußeisen cylindroogival und hohl, mit einem eingeschraubten tempirbaren Zünder an der Spitze versehen (wenn es als Spreng- oder Brandgeschoß gebraucht wird), welcher letztere mehrere parallele Satzsäulen wie der französische Granatkartätschen-Zünder enthält. Die Geschoßbasis ist schwach gewölbt. Die Eisenstärke des Geschoßes ist gegen die Spitze zu größer, um den Schwerpunkt der Maße nach vornen zu bringen.

Die am äußeren Umfange des Geschosses angebrachten 6 Ansätze (Flügeln) sind aus Zink gefertigt, von nur geringer Länge, nach allen Richtungen abgerundet und mittelst eines Schwalbenschweifes (Fig. 15, b c) in die Eisenfläche des Geschoßes eingeschleift (eingepreßt).

Die Füllung zur Anwendung als Brandgeschoß besteht, nebst der Sprengladung aus 6 mit geschmolzenem Zeuge gefüllten cylinde-

---

*) Im Aide-mémoire à l'usage des officiers de l'Artillerie ist die ganze Länge des Gribeauval'schen 4 Pfünder Rohres zu 1461,7 Millimetres angegeben.

**) Nach Angabe des vorstehenden Werkes beträgt das Gewicht des Gribeauval'schen 4 Pfünder Rohres 304 Kilogrammes. Die sich hiernach herausstellende Verminderung dieses Gewichtes mag seinen Grund in der oben angedeuteten Bohrungserweiterung in Verbindung mit dem durch das Einschneiden der Züge bedingten Metallwegfalle haben. —

rischen Röhren von Messing zu ungefähr 0,05 Metre Länge, die 2 bis 3 Minuten lang brennen. Das etwas über 2 Kaliber lange Spitzgeschoß soll im gefüllten Zustande nicht ganz 6 Kilogrammes wiegen und die Geschützladung $^1/_7$ Geschoßgewicht betragen.*) Das Einführen der Ladung und des Geschoßes geschieht von der Mündung aus, soll jedoch nur langsam von Statten gehen. Die ganze Bedienung besteht aus nur 6 Mann. Die größte Tragweite soll 4000 Metres sein. — Mit dem bei Magenta durch die Oesterreicher eroberten gezogenen Geschütze wurden auch etliche Geschoße erbeutet. In Wien wurde bald nach der Ankunft dieses Geschützes daselbst eines jener Spitzgeschoße als Vollgeschoß mit der größtmöglichsten Elevation abgeschossen; ein Offizier soll jedoch mit mehreren Soldaten zwei Tage lang vergebens nach diesem Geschoße gesucht haben. —

§. 36. In dem Sinne, daß diese gezogenen Broncerohre 6 Kilogrammes (12 Pfund) schwere Geschoße schießen, entstand für die neue Bewaffnung der französischen Artillerie der **12 Pfünder mit der Bohrung des 4 Pfünders als Einheitsgeschütz der Feldartillerie.** — Einheit in Geschoß und Geschütz erscheint dabei als **erstes Princip.** — Das Erstere wird als Voll- und Hohlgeschoß gebraucht; das Letztere besteht aus einerlei Rohr, Laffete, Protze und dazu gehörigem Munitionswagen. — Die sämmtlichen Batterien der Garde-Artillerie wurden vorläufig mit diesen **gezogenen 12 Pfünder Kanonen** ausgerüstet.

Im gleichen Sinne wird das nach denselben Principien umgeänderte Rohr mit der bisherigen **12 Pfünder Bohrung als Einheitsgeschütz der Festungs- und Belagerungs-Artillerie** betrachtet (S. 32). Diese Geschütze waren jedoch bei Beginn des Krieges in Italien noch nicht fertig, welche mit großer Genauigkeit aus einer Entfernung von 6000 Metres treffen sollen. — Alle Kaliber über

---

*) Nach anderen Angaben (Rüstow, der italienische Krieg 1859) soll diese Ladung nur 500 Grammes (1 neues Pariser Pfund), sohin $^1/_{12}$ des Geschoßgewichts betragen.

diesen 12 Pfünder hinaus werden beseitigt. Die Bombenkanonen und alle Belagerungsgeschütze mit Ausnahme der Mörser werden umgegossen, und schon im März des Jahres 1859 berichtet der Korrespondent der allgemeinen Militärzeitung, daß 480 neue Geschütze im Schmelz sind. —

Ueber die Einführung gezogener Geschütze in der französischen Marine berichtet ein Korrespondent der Times aus Toulon am 19. August 1859, daß er daselbst 86 gezogene Kanonen vom Kaliber der 30 Pfünder gesehen habe, welche für die Flotte bestimmt sind; er glaube, daß dieselben in Ruelle gezogen werden. Ende August verfügte der französische Marineminister, daß die Kanonenboote mit gezogenen Kanonen nach dem neuesten Muster ausgerüstet werden sollen.

Versuche der belgischen Artillerie.

§. 37. Ehe die französische Artillerie noch über Konstruktions-Verhältnisse für ein neues System zu einem guten Erfolge gelangt war, nahm schon die belgische Artillerie im Jahre 1856 die Versuche mit gezogenen Kanonen auf. Dieselbe wählte hiezu ein Rohr mittleren Kalibers, den 18 Pfünder mit 137,4 Millimetres Bohrungsdurchmesser und ging dabei von den ersten Versuchen in Frankreich aus. (Vergleiche S. 33.)

Die Seele bekam demnach zwei Züge, welchen man bei drei Rohren einen verschiedenen Drall gab, so daß sie bei einem Rohre auf 4 Metres, bei dem zweiten auf 5 Metres und bei dem dritten auf 6 Metres einen Umgang machten. Die Züge erhielten jedoch (Fig. 18) eine Erweiterung, welche bei der 18 Pfünder Kanone 52 Millimetres betrug, und wurden an den äußeren Rändern c, d mit 6 Millimetres abgerundet; auf ihrem Grunde geschah die Abrundung mit einem zur Bohrung concentrischen Bogen a b, dessen Radius 59,8 Millimetres betrug, und welcher sich in zwei mittelst des Radius von 25 Millimetres beschriebenen Bögen an die Abrundung der Kanten schloß. Die Tiefe der Züge war 8 Millimetres.

Die hiezu konstruirten Geschoße waren chlindro-ogivale Hohlgeschoße (Fig. 19) von circa 2 Kaliber Länge und 14,16 Kilogrammes Gewicht, mit zwei den Zügen korrespondirenden Ansätzen an den beiden Enden des durch den Geschoßschwerpunkt gezogenen Durchmessers a b. Die Konstruktion der 8 Millimetres vorspringenden Ansätze zeigt Fig. 20 in der Horizontalprojektion und Fig. 21 in der Vertikalprojektion. Diesem nach betrug der Spielraum in der Seele und in den Zügen 2 Millimetres.

Bei den in dem angeführten Jahre auf dem Schießplatze bei Brasschaet stattgehabten Versuchen mit diesen 3 Stück 18 Pfünder gezogenen Rohren wurde auf die Entfernungen von 600, 1200 und 1800 Metres bei Anwendung der Ladung von 2 Kilogrammes (½ Kugelschwere) gefeuert.

§. 38. Die Resultate fielen eben so ungünstig wie die anfangs in Frankreich mit nur 2 Zügen und 2 Ansätzen erhaltenen aus. Die Oscillationen der Geschoße waren durch die unregelmäßigen Anschläge an der Seelenwand so beträchtlich, daß ihre Abgangswinkel und mit diesen die Porteen höchst verschiedenartig waren. Aus gleicher Ursache zeigten sich die Derivationen als sehr unregelmäßig und stark. Von den aus den zwei Rohren mit 4 und 5 Metres Umgang der Züge gefeuerten Geschoßen zerbrachen viele in der Höhe der Ansätze, während alle aus dem Rohre mit 6 Metres Umgang der Züge abgeschossenen dieses Rohr unversehrt verließen. Die Form der Züge bot bei dem starken Dralle der ersteren zwei Rohre längs derselben keine genügende Stütze für die Ansätze dar, und das mit beschleunigter Umdrehung die Züge überspringen wollende, aber mit Gewalt aufgehaltene Geschoß brach an den Ansätzen. Im gleichen Maße zeigten die Züge die meisten Beschädigungen am langen Felde, wo die Umdrehungsgeschwindigkeit fast ihr Maximum erreichte.

§. 39. In Folge dieses kam man auch alsbald in Belgien eben so wie in Frankreich zu der Ansicht, daß zur Vermeidung der vorgekommenen Gebrechen eine Vermehrung der Zahl der Züge und eine Modifikation in der Konstruktion derselben und der Ansätze erforderlich sei. Es wurde demnach für ein 24 Pfünder gezogenes Kanonenrohr mit 151,6 Millimetres Bohrungsdurchmesser Folgendes proponirt.

Dasselbe sollte 4 Züge erhalten, wovon sich zwei und zwei einander diametral gegenüber standen. Ihre Form sollte jener von Cavalli vorgeschlagenen (Fig. 3), unter Annahme nachstehender Ausmaße gleich werden, nur wären die Kanten an der Vereinigung mit den Feldern etwas abzurunden.

Tiefe der Züge . . . . 8 Millim.
Breite der Züge an ihrem Rande . . . . . . 42 „
„   „   „ an der Sehne des Bogens a b . 26 „
Radius für diesen Bogen a b . . . . 76 „
Radius für die Seitenbögen c . . . . 8 „
Radius für die Abrundung der Kanten . . . . 2 „

Diese Ausmaße bieten die möglichst wünschenswerthe Sicherheit für die Haltbarkeit und Führung des Geschoßes. Ein Umgang der Züge auf 7,43 Metres Länge wurde dabei am entsprechendsten erachtet. Man glaubte zu der Ansicht berechtigt, daß Ansätze von ähnlicher Form, wie die Flügel an den Cavalli'schen Geschoßen, jener an dem belgischen 18 Pfünder Spitzgeschoße vorzuziehen seien.

Die nach Fig. 22 an ein für die 24 Pfünder Kanone proponirtes Geschoß konstruirten 8 Ansätze werden das Geschoß sicherer in den Zügen führen, die Wirkung der größten Ladung ertragen, die Schwankungen und Anschläge des Geschoßes schwächen, und theilweise die Derivationen durch den auf die hinteren Ansätze wirkenden Widerstand der Luft mehr regeln. Dieses Geschoß sollte an den beiden Enden des chylinderischen Theiles für jeden der 4 Züge 2 Ansätze a b über einander erhalten, an welchen die äußere Fläche in der Vertikalprojektion einen Kreisbogen bildete, der zu seinem Radius den Durchmesser des Cylinders plus des Vorsprunges hatte, und sich mittelst 2 kleineren Bögen an die gerade Seitenlinie des Cylinders anschloß. In der Horizontalprojektion sollte jeder Ansatz aus 3 Kreisbögen gebildet werden, wovon der mittlere concentrisch mit der Cylinderfläche ist, und die 2 Seitenbögen mit 8 Millimetres sich mittelst Abläufen an die Geschoßfläche schließen. Hiernach ergaben sich folgende Ausmaße für die Ansätze:

Länge der unteren	an der Sehne des Bogens	30 Millim.
Ansätze a	an der Basis	45 "
Länge der oberen	an der Sehne des Bogens	20 "
Ansätze b	an der Basis	35 "
Breite der Ansätze	an der Sehne des Bogens	24 "
	an der Basis	40 "
Vorsprung (Höhe) der Ansätze		8 "

Bei den oben angeführten Ausmaßen am 24 Pfünder Rohre würde demnach der Spielraum in den Zügen und an der Seelenwand 2 Millimetres betragen.

C. Erfahrungen aus dem Kriege in Italien 1859 über die Wirkungen der gezogenen Kanonen.

§. 40. Die französischen gezogenen Kanonen haben bereits die Feuerprobe durchgemacht. Bei der französischen Armee waren schon Ende 1858 bei der Feldartillerie 15 Batterien mit denselben ausgerüstet. Mit diesem Uebergewichte der Artillerie trat Napoleon III. im verflossenen Kriege gegen Oesterreich in den Kampf. — Die bei der Landung der französischen Truppen in Genua für diese Geschütze ausgeschifften Spitzgeschoße waren zu 15 Stück in Kisten verpackt.

Erscheint es auch nicht wohl so glaubbar, daß — wie oben erwähnt — mit diesem gezogenen Geschütze auf 2920 Metres noch leicht ein Reiter getroffen werden könne, so ist es doch denkbar, daß nach den bei den Handfeuerwaffen der Neuzeit gemachten und im Einklange stehenden Fortschritten die so weit tragenden Spitzgeschoße aus jenen gezogenen Geschützen auf noch weit größere Entfernungen als 3000 Metres oder 4000 Schritte ganze Kolonnen nicht leicht verfehlen werden, und dieselben schon in Unordnung oder zum Umkehren bringen können, ehe sie sich nur die Hälfte Weges ihrem Bestimmungsorte aus den hinteren Treffen der vordersten Schlacht=

linie oder dem auserwählten Angriffspunkte zu nähern vermögen. Liegt es einerseits auch wirklich ausser der Möglichkeit, so große Entfernungen zu schätzen und daselbst das Ziel zu erkennen, so gestattet anderseits gerade diese große Entfernung, sich unbeirrter des Distanzmessers und Fernrohres zu bedienen. —

Ohne in Betrachtungen und Schlüsse einzugehen, in wie weit die gedachte Umgestaltung des ganzen Geschützwesens auf die Taktik in offensiver und defensiver Beziehung verändernd einwirken muß — durch ein Eröffnen der Schlachten schon auf den größten Entfernungen mittelst Artilleriemassen, durch ein auf das Höchste gesteigertes Erschweren der gegenseitigen Annäherung, durch ein sorgfältiges Aufsuchen jeden Schutzes des Terrains, durch ein leichteres Gezwungenwerden zu großartigen Entsendungen für Umgehungen und Flankenangriffe, und zur gefährlichen Versplitterung der Kräfte, durch ein entferneteres Zurückhalten der Reserven — wollen wir uns nur auf die aus dem jüngst verflossenen Kriege gewonnenen Erfahrungen beschränken. Für eine vorurtheilsfreie Auffassung werden wir dabei auf die Anschauung der beiderseitigen Partheien und auf diejenige der in den Hauptquartieren befindlichen unpartheiischen Bevollmächtigten oder Korrespondenten anderer unbetheiligter Mächte großes Gewicht legen.

Die Bespannung der 12 Pfünder, resp. 4 Pfünder Kanonen in den Batterien bestand aus 4 Pferden. Ausserdem waren jedem Bataillone 2 dieser gezogenen Geschütze zugetheilt, welche von Infanteristen besorgt und nur zweispännig waren. Hierdurch war einerseits das Princip der Partikularbedeckung und anderseits dasjenige des Gebrauches von Artillermassen vertreten.

Dabei war die Beweglichkeit der Feldartillerie und hierdurch die Manöverirfähigkeit derselben, in Folge des verringerten Gewichts der Geschütze und der verminderten Bespannung auf das Höchste gesteigert. Ein Korrespondent der Times im franco-sardischen Lager sagt in seinem Berichte über die Schlacht bei Solferino (Cavriana) am 24. Juni: In dem Gefechte zur Wegnahme des Dorfes Solferino erwies sich auch die ungeheure Ueberlegenheit der neuen französischen gezogenen Kanonen. Vermöge ihrer Leichtigkeit ließen sie sich Höhen hinaufziehen, die so steil waren, daß selbst die Infanterie Mühe hatte, sie zu erklimmen. — Ein anderer Leitartikel in dem neulichen englischen Blatte vom 4. Juli, der eine Parallele zwischen der österreichischen und englischen Armee zieht, sagt: Die leichte gezogene Kanone der Franzosen gewann den lezteren Magenta und Montebello (dieses am 20. Mai*), jenes am 4. Juni); und derselben Waffe, sowie den verlachten Luftballon-Rekognoscirungen verdanken die Franzosen, daß Solferino ein Sieg für sie wurde, und daß Napoleon III. vor Verona steht. —

Nach dem Urtheile eines englischen Artillerie-Offiziers, welcher in Marseille der Einschiffung der französischen Armee von Italien beiwohnte und mehrere Feldbatterien mit den neuen gezogenen Kanonen sah, ergibt sich Nachstehendes: Was Zierlichkeit der Arbeit, Trefflichkeit des Materials und ungemeine Leichtigkeit anbelangt, sind diese neuen Geschütze unbedingt zu loben. Vier Pferde ziehen ein derartiges Geschütz leicht in den schnellsten Gangarten; und besonders bei schlechten Wegen und steilen Höhen, wo die bisherigen schweren Kanonen nur mit äußerster Mühe und großer Langsamkeit fortzuschleppen sind, werden sie die besten Dienste leisten.

§. 41. Was Tragweite und Treffähigkeit dieser leichten Feldgeschütze betrifft, setzt dieser englische Artillerie-Offizier in seinem weiteren Urtheile hinzu: Weite Schußfähigkeit besitzen diese Kanonen vermöge ihres Konstruktionssystemes ebenfalls, und bei einem aufmerksamen Zielen kann man auch auf Sicherheit des Schusses zählen. — Schon bei dem ersten gelieferten Treffen am 20. Mai (Montebello) heißt es nach Berichten französischer Offiziere, wäre das Gefecht ganz anders ausgegangen und hätten die Alliirten vor dem mörderischen Feuer der österreichischen Jäger zurückweichen

---

*) Napoleon zog schon am 7. Mai aus Turin 5 bis 6 Batterien der Kaisergarde mit gezogenen Kanonen an sich.

müssen, wenn General Forey nicht 4 gezogene Kanonen hätte spielen lassen können. — Nach Briefen aus Cavriana vom 28. Juni nach Paris spielten die gezogenen Kanonen in der Schlacht von Solferino die Hauptrolle. Das Resultat, welches dieselben gaben, übertraf alle Erwartungen. Unsere Artilleristen, welche dieselben bedienten, befanden sich stets ausser der Tragweite der österreichischen Kanonen. Die dadurch große Sicherheit im Zielen vermehrte natürlich die Trefffähigkeit dabei im höchsten Grade. Auf 2000 Metres brachte die 8te Batterie des 16ten Regiments eine feindliche Uhlanenschwadron in Unordnung. Nach diesem günstigen Resulate richtete man in derselben Entfernung das Feuer mehrerer Batterien auf 25 Schwadronen Reiterei, die sich anschickten, uns zu chargiren, und sie wurden sofort zum Umkehren genöthigt. — Ein Bericht aus Paris vom 30. Juni sagt unter Anderem: Die Präcisionsgewehre und die Fortschritte unserer Artillerie machen die Mitwirkung der schweren Reiterei fast überflüssig. In der Schlacht bei Solferino, welche für jede Operation Gelegenheit bot, konnte man sich der schweren Kavalerie nicht ein Einzigmal bedienen. Besonders aber brachte unsere neue Artillerie die furchtbarsten Wirkungen hervor. Ihre Schüsse trafen den Feind auf Entfernungen, von wo aus die schwersten Kaliber nicht erwiedern konnten, und bedeckten die Ebene mit Leichen. — Das französische Bulletin aus Baleggio vom 1. Juli über die Schlacht von Solferino konstatirt auch die außerordentlichen Wirkungen der neuen Artillerie. —

Der oben erwähnte Korrespondent der Times im franco-sardischen Lager bestätigt solches auch in seinem Berichte über diese Schlacht, indem er sagt: Die Tragweite und Trefffähigkeit der gezogenen französischen Kanonen ist fast unglaublich. Man beobachtete ihre Geschoße genau, und sah sie zwischen den Geschützen und in den Kolonnen des Feindes jederzeit platzen, während die aus dessen Geschützen mit der größten Elevation gefeuerten Hohlkugeln entweder die Positionen der französischen Artillerie gar nicht erreichten oder in der Luft explodirten. Die Ueberlegenheit der französischen Artillerie, schließt dieser Berichterstatter, war so groß, daß die österreichische, trotz aller anerkennenswerthen Bravour, mit der sie focht, nachgeben mußte.

§. 42. Was die Wirkungen schon auf den größten Entfernungen betrifft, davon überzeugte sich die französische Artillerie gleich anfangs des Krieges gegen die Verschanzungen der Oesterreicher bei Valenza. Nach einer Mittheilung aus Paris vom 26. Mai heißt es darum auch: Die Franzosen sind sehr zufrieden mit ihren gezogenen Kanonen. Am 18. und 19. Mai sei den ganzen Tag zwischen Valenza und den österreichischen Batterien kanonirt worden; die Franzosen hatten 12 gezogene Kanonen auffer des Schußbereiches der österreichischen 12 Pfünder in die Linie gebracht, welche den Feind an dem Weiterbaue seiner Verschanzungen verhinderten, indem sie dessen Erdwerke auf 2500 Metres Entfernung zusammenschossen. Als am 20. Mai die Oesterreicher die gegenüber Valenza am Po liegenden Häuser zur Vertheidigung einrichten wollten, genügten einige auf 2600 Metres abgefeuerte Kanonenschüsse, um den Feind zu vertreiben. —

§. 43. Hält man diesen Berichten und Urtheilen diejenigen des Gegners entgegen, so sieht man, daß erstere durch letztere wohl auch bestätigt erscheinen, wenn man von österreichischen Mitkämpfern vernimmt, daß die französische Artillerie auf den größten Entfernungen schon ihr Feuer eröffnete, und nach einem österreichischen Berichte von 11. Juni aus Verolanuova, auf dem Rückzuge nach der Schlacht von Magenta, in dem Gefechte bei Melegnano am 8. Juni, erfährt, daß die Wirkung der feindlichen Artillerie Erstaunen erregte; — wenn am 27. Juni von Wien aus nach der Schlacht bei Cavriana (Solferino) geschrieben wird: Der Feind hat an den gezogenen Kanonen eine Waffe, die ihm den Sieg erleichtert; durch die große Schußweite derselben ist er in der Lage, von bedeutender Ferne den auf ihn anrückenden Gegner durch Beibringung von Verlusten zu demoralisiren und zum Wanken zu bringen, bevor noch letzterer in den Fall kommen kann, sich zu revanchiren; unsere Armee, unsere Führer sind tüchtig; aber unsere Artilleriewaffe steht gegenwärtig jener Frankreichs bedeutend nach; — wenn ferner die österreichischen Soldaten nach dem Berichte eines Korrespondenten der Times zu Verona gestehen, daß sie lieber in der Front im Musketenfeuer waren, als in Reserve, da die französischen Geschoße (Bomben und Shrapnels heißt es) mehr Schaden in der Entfernung als vorne anrichteten; — wenn man endlich in den ersteren Berichten liest, daß die österreichischen Avantgarden (offenbar um das Gleichgewicht gegen die überlegene feindliche Artillerie einigermassen herzustellen) schon von dem ersten Treffen bei Montebello (20. Mai) an ihren Teten ausser den 6 Pfünder Kavalerie-Batterien auch noch 12 Pfünder Fußbatterien mitführten. —

In den Rückerinnerungen vom Kriegsschauplatze in der österreichischen Zeitung heißt es: Die größere Wirksamkeit der französischen Artillerie zeigte sich hauptsächlich schon beim Auffahren der österreichischen Batterien. Durch die größere Tragweite der gezogenen Kanonen konnten die Franzosen schon alle Wege, auf denen die österreichische Artillerie vorrückte, bestreichen, ehe noch deren Geschütze sich auf Schußweite postiren konnten. So stand auf den Höhen jenseits der Haide von Medole eine bedeutende Anzahl französischer Geschütze, und dieselben beherrschten durch ihre Position die ganze Haide. Von der österreichischen Stellung aus konnte bei der großen Entfernung der Feind mit dem ersten Aufschlage der Vollkugel nicht erreicht werden, die Vollschüsse wurden schon auf $^3/_4$ ihres Weges zu matt (man will sie ein Paarmal aufschlagen und dann langsam verlaufen gesehen haben), während die feindlichen Spitzgeschoße mit ganzer Kraft daher pfiffen. Wenn die österreichischen Geschütze aber einmal auf ihre Schußweite aufgefahren waren, so war deren Wirkung unbedingt eine überlegene; rasch brachten sie die feindlichen Kanonen zum Schweigen und zwangen dieselben zum Rückzuge, wobei der Feind aber den Vortheil hatte, daß er in sicherer Ferne wieder ein wirksames Feuer eröffnen konnte, und die Oesterreicher sich unter demselben mit Verlust wieder Stellung suchen mußten.

Aus einem Artikel aus Wien vom 4. Oktober in der Allgemeinen (Augsburger) Zeitung erfährt man nachstehendes Urtheil über den taktischen Einfluß, welchen die Anwendung der gezogenen Kanonen von Seite der Franzosen bemerken ließ, indem es heißt: „Wenn auch die französischen gezogenen Kanonen in den Gefechten keine überlegene Wirksamkeit bethätigten, so gewährte ihre große Tragweite den Franzosen dennoch den Vortheil, ihre Artillerie hinter ihrer ersten Linie, also stets gedeckt auffahren zu lassen, während die österreichische Artillerie immer weit sich vorwagen mußte." — „Dieses ungünstige Verhältniß — schließt dieser Artikel — erklärt denn auch zur Genüge den großen Unterschied in dem gegenseitigen Geschützverluste." — Hieraus läßt sich demnach die Anwendung gezogener Kanonen als das verläßigste Mittel erkennen, die Artillerie, den auf's Höchste vervollkommten Handfeuerwaffen gegenüber, den ihr so gefährlichen Wirkungen eines feindlichen Tiralleurfeuers nicht mehr aussetzen zu müssen. —

Es ist nicht zu läugnen, daß man nach dieser Schlußäußerung sowohl, als nach dem erwähnten Times-Berichterstatter aus Verona leicht zu dem Glauben verführt wird, die gezogenen Kanonen hätten in der Nähe wenig Wirkung gezeigt. Dem ist jedoch nicht so; denn der Kaiser Napoleon ließ, nach dem französischen Schlachtberichte aus seinem Hauptquartiere Cavriana vom 28. Juni, bei seinem Angriffe auf das österreichische Centrum bei Solferino auch die Garde-Artillerie unter den Befehlen der Generale Sévelinges und Le-Boeuf vorrücken und auf 300 Metres eine offene Position gegen den Feind nehmen, welches Manövre den Erfolg im Centrum für die Franzosen entschied. Auderseits kam bei Beginn des Krieges, wie bei Montebello, wohl auch vor, daß die Franzosen öfters die Oesterreicher überschossen und die Geschoße weit hinter den letzteren platzten; dasselbe wurde jedoch von den Franzosen später dahin erläutert, daß sie die Entfernung überschätzten.

§. 44. In der Absicht des Kaisers der Franzosen lag es aber in diesem Kriege nicht allein seine neugeschaffene Feldartillerie, sondern auch seine nach denselben Principien ins Leben gerufene Belagerungsartillerie auf den Kampfplatz zu bringen. Wir meinen damit die auf Seite 32 und 38 als Einheitsgeschütz angeführte, frühere glattgebohrte, gegenwärtig aber gezogene 12 Pfünder Kanone.

Aus einem Berichte aus Genua vom 12. Juni erfährt man, daß Tags vorher ein schwerer französischer Artilleriepark dort eintraf, der gegen die lombardischen Festungen verwendet werden sollte. Es sind — sagt der Berichterstatter — lange schwer aussehende 12 Pfünder, die für elliptische Geschoße gezogen sind und muthmaßlich 24 Pfünder Geschoße schießen. Die meisten von ihnen sind in den Jahren 1841, 1848 und 1852 gegossen, so daß Louis Philipp neben Liberté, Fraternité und Egalité und dem neuaufblühenden Kaiserthume gegen Mantua und Verona fechten werden. Es sollen sich diese Geschütze besser gegen Festungen als in der offenen Feldschlacht verwenden lassen, und die Franzosen versichern, sie tragen 4000 Metr. weit, und es lasse sich auf 3000 Metr.(?) mit ihnen Bresche schießen. —

Wir ersehen aus dieser kurzen Notiz die auf Seite 36 gemachten Angaben bestätigt, daß diese Geschütze nichts anderes, als die früheren broncenen, nun aber gezogenen 12 Pfünder (vermuthlich die schweren Festungs- 12 Pfünder, und keinesfalls, wie von Vielen geglaubt wurde, die neuen Napoleonischen 12 Pfünder Granatkanonen) waren.

§. 45. Wie sehr man in diesem Kriege überhaupt die gezogenen Geschütze als das wahre Element der gegenwärtigen Artillerie kennen lernen sollte, beweist die getroffene Anordnung, daß man auch den piemontesischen Cavalli'schen Geschützen (Seite 11) die Gelegenheit bieten wollte, ihre Tüchtigkeit neben dem neuen französischen Belagerungsgeschütze zu bewähren; denn gegen Mantua, sagt ein Bericht aus Turin vom 23. Juni, sollten vorzüglich die Piemontesen die Operationen einer Belagerung ausführen, wobei der General Cavalli mit seinen gezogenen Kanonen den Oberbefehl übernehmen und die Wirksamkeit seiner Erfindung erproben soll. Ein Korrespondent der Times auf französischer Seite schreibt am 28. Juni aus dem Hauptquartiere zu Borghetto am Mincio: Vor Peschiera wird sich zum ersten Male zeigen, was gezogene Kanonen gegen Festungsmauern vermögen; bewähren sie sich nur halb so gut, als im offenen Felde, dann ist Peschiera's Schicksal bald entschieden. — Wirft man einen Blick auf die Seite 32 dargestellte Wirkung der neuen 12 Pfünder Belagerungskanone, so kann man wirklich nicht umhin, seine Meinung mit dem genannten Times-Korrespondenten zu theilen, und den bedrohten Festungen nur Glück wünschen, daß der unerwartete Friedensschluß inzwischen trat. — Haben schon die Resultate der Breschversuche zu Bapaume i. J. 1847 in auffallender Weise ersehen lassen, daß das Brescheschießen gegen beinahe alle Festungen mit glattgebohrten 12 Pfündern ausführbar ist*), so ist klar, daß gezogene 12 Pfünder mit einem um so größeren Erstaunen über ihre Wirkung hätten auftreten müssen.

Endlich ist zu erwähnen, daß die gezogenen Geschütze auch auf den französischen Kriegsschiffen vertreten waren, und daß von Marseille mit der Belagerungsflotte 10 Schraubenkanonenboote ausliefen, wovon jedes mit einer schweren Drehbasse auf dem Verdecke bewaffnet war; diese Drehbassen sollen 50 Pfünder gewesen sein, und zwar gezogen. —

D. Nachrichten über den Fortschritt in der preußischen, russischen, spanischen, portugisischen, österreichischen, schweizerischen, ägyptischen Artillerie.

§. 46. Fehlen auch zur Zeit aus dem kaum verflossenen Kriege noch so manche Details, und bleiben noch so manche Fragen über die Wirkung der gezogenen Geschütze, so ist der Kenner von Fach doch schon über den durch deren endliche Einführung errungenen

---

*) Siehe des Verfassers „Organisation und Leistungen der Feld-Artillerie", 1853, Leipzig bei Friedr. Fleischer, S. 179.

außerordentlichen Fortschritt vollkommen in Reinen. Ein schon vorher allmählig bemerkbares Regen auch in anderen Artillerien liefert hiefür den Beweis. So berichtet die (österreichische) Militär-zeitung Nr. 16 d. J. 1859 aus Berlin vom 22. Febr.: Vor einigen Tagen wurden auf dem Artillerie-Schießplatze bei Tegel wieder Schießversuche mit Geschützen von neuer Konstruktion angestellt. Man schoß aus gezogenen 6 Pfünder Kanonen und Bomben-kanonen. Mit der Einführung dieser letzteren Geschütze zum Festungsgebrauch ist bereits der Anfang gemacht. Am 23. März enthält dieselbe Zeitung aus Berlin die Mittheilung, daß die neuen Geschütze aus Gußstahl bestehen und zunächst die Garde-Artillerie damit betheiligt werden soll. Spätere Nachrichten aus Berlin vom 19. September (Augsburger allgemeine Zeitung) sagen: Die gezogenen Kanonen, mit deren Bohrung und gänzlichen Vollen-dung man eifrigst beschäftigt ist, werden im kommenden Frühjahre alle fertig sein. Die Zahl dieser neuen Kanonen beträgt 300 Stücke. Dieselben werden unter die verschiedenen Armeekorps des Heeres vertheilt werden. Außer den Feldgeschützen werden auch schwere Belagerungs- und Schiffsgeschütze gefertigt und sollen die neuen Kanonenboote letztere als Bewaffnung erhalten. Ueberhaupt erfuhr man schon im verflossenen Jahre 1858, daß die durch den verstorbenen Oberstlieutenant Teichert angestellten und bereits seit den ersten Proben mit Wahrendorff'schen Kanonen zu Berlin i. J. 1843 fortgesetzten Versuche mit von rückwärts zu ladenden gezogenen Geschützen zu Resultaten gediehen seien, welche einen großen prak-tischen Werth versprachen. Die allgemeine Militärzeitung vom 1. Ok-tober 1859 setzt uns durch Näheres aus Berlin vom 20. Sept. in Kenntniß, daß in der Wöhlert'schen Maschinenbauanstalt eine be-deutende Anzahl Gußstahlkanonen gebohrt werden, deren Trans-port sofort nach Spandau erfolgt, wo sie mit den Zügen versehen und vollendet werden. Sämmtliche Rohre sollen bis jetzt 6 Pfünder sein, da die Feldartillerie des Heeres künftig nur aus diesem Kaliber zu bestehen habe, doch wiegen die eiförmigen Hohlgeschoße derselben nahe an 10 Pfund (4,677 Kilogrammes). Mit den nach gleichem Systeme konstruirten gezogenen Festungsgeschützen sollen die Armirungen der erweiterten Werke von Königsberg, Weichselmünde ferner von Pillau, Kolberg, Swinemünde, Stettin, dann jene von Spandau und Coblenz durchaus bewirkt werden. — Man dachte aber nach einem Berichte aus Berlin vom 17. Mai in Preußen auch bald daran, für jedes Armeekorps eine Batterie (zu 8 Geschützen) mit gezogenen Kanonen zu errichten, und aus Petersburg am 15. Juni wird geschrieben: Im Lager von Krasnojeselo haben jetzt 2 Batterien gezogene Kanonen erhalten und es werden augenblicklich damit Versuche angestellt; wie es heißt, sind diese Geschütze hier nach dem französischen Muster gearbeitet. Vom 20. August wird weiters aus Petersburg geschrieben: In Folge der neuen Erfindungen in der Artillerie, deren Werth der letzte Feldzug in Italien bereits bewiesen hat und die bekanntlich auch hier Eingang gefunden haben, indem schon im Lager bei Krasnojeselo mit gezogenen Geschützen Uebungen angestellt wurden, ist jetzt ein provisorisches Artillerie-Comité gebildet worden, an dessen Spitze der Generallieutenant Djabin tritt. Der Herzog Georg von Mecklenburg-Strelitz ist zum berathenden Mitgliede ernannt, desgleichen die Generale Ogareff, Fordejeff, Krzyzanowsky und Konstantinoff, welcher letztere sich mehrere Jahre im Auslande aufgehalten hat, um dort den Zustand des Artilleriewesens kennen zu lernen. — Der Allgemeinen Militärzeitung Nro. 61 und 62 des Jahres 1859 zufolge werden in den spanischen Geschützfabriken zu Sevilla, Trubia und Oviedo verschiedene gezogene Kanonen aus den vorhandenen broncenen hergestellt. Mitte September wird schon aus Spanien berichtet, daß man daselbst bald im Besitze von 600 gezogenen Kanonen (4, 12 und 24 Pfündern) sein werde. Das nach Marocco bestimmte Expeditionskorps soll mit 40 derlei Kanonen ausgerüstet sein. Die 4 Pfünder sollen auf 3000 Metres schießen und eine geringe Abweichung zeigen; die 12 Pfünder auf 4000 Metres mit nur 8 Metres Abweichung; die 24 Pfünder, für Küstenbatterien bestimmt, sollen 8000 Metres Tragweite haben. Aus derselben Zeitschrift erfährt man auch Ende August desf. Jahres, daß Portugal seinem pyrenäischen Nachbarn folgt, indem von dessen Artillerie zu Vendas Novas Versuche mit einem gezogenen 4 Pfünder gemacht wurden, wobei die Frage, obwohl einige Hauptpunkte des französischen Systems unbekannt gewesen seien, dennoch nach eigener Idee sehr glücklich gelöst worden zu sein scheint. Bei 1 Grad Elevation wurde auf 750 Metres das Schwarze der Scheibe getroffen, und die Flugbahn war so rasant, daß nach dem ersten noch 3 bis 4 Aufschläge in der Weite von 300 bis 400 Metres entstanden. — In Deutschland beschäftigen sich außer der preußischen Artillerie noch die österreichische, bayerische und württembergische bereits mit diesem wichtigen Gegenstande. Die österreichische Artillerie setzte ihre Schießversuche Anfangs September 1859 mit den neuartigen gezogenen Kanonen auf dem Steinfelde bei Wien wieder fort. Diese Versuche sollen ein vollkommen befriedigendes Resultat geliefert haben, wonach im Antrage sei, vorläufig 10 Batterien mit gezogenen Kanonen zu versehen; außerdem beabsichtige man gezogene Geschützrohre zu gießen, welche von rückwärts zu laden sind. Diese Geschütze sollen aus der Eisengießerei zu Mariazell hervorgehen. — In der Schweiz ist eine Kommission eidgenössischer Artillerie-Offiziere ernannt, um in Aarau eine Maschine zum Ziehen der Kanonenrohre zu konstruiren und sogleich Versuche mit verschiedenen Geschoßen anzustellen. — Selbst der Vicekönig von Aegypten soll zufolge eines Berichts aus Alexandrien vom 3. Okt. 1859 nach den mit gezogenen Kanonen angestellten Versuchen den Befehl gegeben haben, seine gesammte Artillerie nach diesem Systeme umzuändern. —

Faßt man alles über die Wirksamkeit gezogener Geschützrohre und Spitzgeschoße aus dem bereits überhaupt Mitgetheilten zusammen, so liefert es, in Uebereinstimmung mit der bei den Handfeuerwaffen schon feststehenden Thatsache, den untrüglichen Beweis, daß die Trefffähigkeit, Tragweite und Perkussionskraft der so veränderten Artillerie-Waffen gegen diejenigen bisheriger Konstruktion jedenfalls um ein Bedeutendes gesteigert und dabei das oben bezeichnete Ziel erreicht werden könne.

E. Bedenken gegen die Einführung gezogener Geschützrohre.

§. 47. Es wird indessen, wie günstig auch die bisherigen Ergebnisse sich zeigen, immer noch das Bedenken erhoben werden müssen, daß vor einer allgemeinen praktischen Einführung gezogener Geschützrohre noch manche Probleme zu lösen sein werden, welche die Schwierigkeiten in der Fabrikation der Rohre und der mit Angüssen zu versehenden Geschoße, dann das baldige Verschleimen und schwierige Reinigen der Züge, die Beschwerlichkeiten im Laden oder das vielleicht unvermeidliche Bedürfniß des Einführens der Ladung von rückwärts 2c. veranlassen können.

Es bleibt für die Anwendung gezogener Geschützrohre aber auch selbst für den Fall, als es gelingen sollte, alle jene sich darbietenden Hindernisse zu heben, — woran bei dem heutigen Standpunkte der Technik und der Artilleriewissenschaft wohl kaum zu zweifeln sein dürfte — dennoch immer sehr in Frage gestellt, ob gezogene Geschützrohre der Artillerie wirklich diejenigen Vortheile bringen können, welche man sich von ihnen erwartet.

Diese Frage findet sich in dem 38sten Bande des Archiv's für die Offiziere der k. preußischen Artillerie- und Ingenieur-Corps in einem Aufsatze unter dem Titel: „die Anwendbarkeit gezogener Geschützrohre" auf nachstehende Weise beantwortet.

1) Gezogene Rohre für Feldgeschütze seien durchaus unanwendbar;
2) gezogene Rohre, wenn auch nur in geringer Zahl in der Festungs- und Belagerungsartillerie eingeführt, seien sehr wohl geeignet, beiden Artilleriearten große Vortheile zu gewähren.

Dieses Urtheil wird dabei wie folgt begründet:

ad 1) Weder der Kartätschen- noch der Rollschuß seien aus gezogenen Geschützen anwendbar, weil die Kartätschenkugeln die Züge sehr bald verderben müßten, und die Cylinderform des Geschoßes dessen Weiterspringen oder Fortrollen nach dem ersten Anschlage nicht gestatte;

der Granatschuß könne nicht gegen Truppen, sondern nur gegen freistehende Deckungen gebraucht werden, weil bei der durch das Eingreifen des Geschoßes in die Züge des Rohres eintretenden Aufhebung oder Beschränkung des Spielraums die Entzündung des Zündrohrs durch den bloßen Feuerstrahl der Geschützladung nicht möglich sei, und daher die Anwendung eines Perkussionszünders an der Spitze des Geschoßes erheischt werde; gleiche Gründe stünden auch der Anwendung der Granatkartätschen (Shrapnels) entgegen;

der Granatwurf sei nicht anwendbar weil zu dessen Ausführung kurze Rohre nöthig seien, aber anderseits überhaupt nur lange gezogene Rohre in der Artillerie von Nutzen sein könnten; solche Rohre würden aber nur die Ausführung des Kugelschusses gestatten.

ad 2) Der Rikoschettschuß und Kartätschenschuß, sowie der Granatschuß und Granatwurf könnten aus den ad 1 angegebenen Gründen eine Anwendung im Festungskriege nicht finden; gezogene Rohre seien nur zum Demontiren, Breschelegen und Beschießen von Sapenteten, dann aber mit großem Vortheile zu gebrauchen.

§. 48. Man sieht auch hieraus wieder die falsche Ansicht durchblicken, daß gezogene Geschützrohre vorzugsweise nur für größere Kaliber mit Vortheil in Verbindung gebracht werden könnten. — Abgesehen davon, daß wir in dieser Hinsicht schon oben (§. 25) unsere ganz entgegengesetzte Ansicht ausgesprochen haben, indem man darüber einig ist, daß die Aufgabe der gegenwärtigen Artillerie diejenige sein muß, die errungenen Fortschritte auch bei ihren Geschützen ebenso, wie es bei den Handfeuerwaffen das Bestreben ist, ausschließlich für die kleineren Kaliber mit dem größten Vortheile zu benützen — finden die erwähnten Einwürfe in ihren Einzelnheiten theils schon aus den bisherigen Erfahrungen ihre Widerlegung, theils werden dieselben bei den naheliegenden Aussichten zu weiteren Fortschritten unzweifelhaft gänzlich gehoben werden. —

Der Einwurf, der Rikoschett- und der Rollschuß sei aus gezogenen Geschützen nicht anwendbar — wird durch nachstehende Thatsachen vollständig widerlegt. Zu Berlin haben die im Jahre 1851 mit Wahrendorff'schen gezogenen Kanonen und Spitzgeschoßen angestellten Schießversuche dargethan, daß dabei diese Geschoße ganz gut rikoschettirten und nicht aus der Richtung kamen. Bei den im Jahre 1847 zu Stafsjö in Schweden mit Cavalli'schen 50 Pfünder Bombenkanonen stattgehabten Versuchen wurde bei 5 Grad Elevation im Mittel der erste Aufschlag auf 1637 Metres, bei 15 Grad Elevation auf 3628 Metres erhalten; die Totalschußweite betrug aber, indem die Spitzgeschoße ihren Lauf noch fortsetzten, bei 5 Grad Elevation 4056 und bei 15 Grad 4150 Metres. Auch die im Jahre 1853 von dem schweizerischen Hauptmann Curti projektirten 12 Pfund schweren Spitzgeschoße haben, aus der 6 Pfünder Kanone mit 1½ Pfund Pulverladung gefeuert, im Bistrschusse den ersten Aufschlag auf 600 Metres gehabt und noch eine Auslaufweite bis zu 1200 und 1500 Metres gezeigt. Die in dieser Beziehung aus Portugal gekommenen neuesten Mittheilungen (Seite 53) bestätigen gleichfalls diese Angaben. —

Zweiter Abschnitt.

Aufgabe der gegenwärtigen Artillerie.

A. Geschützmaterie.

Unzulänglichkeit des Geschützbronces.

§. 49. Als Haupthinderniß einer allseitigen Verwendung der bestehenden Broncerohre tritt jedoch deren geringe Dauerhaftigkeit auf. Es wurden schon nach dem Gefechte bei Valenza von französischen Artillerie-Offizieren Stimmen laut, daß sich die gezogenen broncenen Kanonen nach einer gewissen Anzahl Schüsse erhitzen und unbrauchbar werden. Das Metall verliert dadurch derartig an den vorstehenden Kanten der Züge an Widerstandsfähigkeit und Elasticität, daß die Züge dann schon durch die bloße Reibung mit den Zinkansätzen und der Eisenfläche des Geschoßes Schaden leiden. Der Büchsenkartätschenschuß mußte ganz und gar aufgegeben werden. —

Ehe noch die Idee an eine allgemeine Einführung gezogener Geschütze auftauchte, wurde schon das Bedürfniß einer dauerhaften Geschützmaterie gefühlt. Es wurde anerkannt[*], daß das heutige

---

[*] Allgemeine Militärzeitung, 1853, Nr. 133: „Beitrag zur Geschützfabrikation."

Broncegeschütz nicht allen Anforderungen mehr entspricht, welche bei dem erreichten Standpunkte gegenüber der verbesserten Fabrikation des Schießpulvers, der Zündemittel, namentlich der großen Fortschritte in der Vervollkommnung der Handfeuerwaffen an ein Geschütz gemacht werden müssen. Es wird ferner zugestanden, daß dieser dadurch eingetretene Stillstand heutigen Tages zu einem Rückschritte geworden ist, welcher Besorgniß erregt, daß der größeren Wirkungsfähigkeit der Artillerie wohl schon ein Einhalt geboten sei. In den eisernen Geschützen könne, wenigstens wie der Standpunkt der gegenwärtigen Fabrikation es bietet, ein Auskunftsmittel leider noch nicht gefunden werden; denn die Anforderungen an ein Geschützmetall bleiben Widerstandsfähigkeit, Elasticität, Härte und chemische Ausdauer im hohen Grade. Der Verfasser jenes Aufsatzes richtet seine Worte als Mahnruf an den Geschützgießer, Alles aufzubieten, um den stets wachsenden Anforderungen an ein Geschützmetall zuvorkommen zu können und sich nicht das drückende Geständniß machen zu müssen, daß es mit seiner Kunst am Ende sei. — Er behauptet, daß durch einen Zusatz von Zink die Elasticität und chemische Ausdauer gewiß vermehrt werde; doch möchten Zinkzusätze von mehr als 1,5 — 2% auf 9 — 10% Zinn die Härte des Metalls beeinträchtigen. Es wäre dieses also eine trinäre Legirung statt der bisherigen binären. — Jener Verfasser knüpft an seine weiteren Betrachtungen den Schluß, daß die bereits bekannten Versuche kaum geeignet seien, gegründete Hoffnungen für vollständigen Erfolg nach irgend einer Richtung zu erwecken, und daß nur übrig bleibe, noch zu Palliativen zu greifen, „die aber wegen ihrer Unzulänglichkeit das Bedürfniß einer stellvertretenden Geschützmaterie kaum länger verheimlichen." — Er gesteht dabei zu, daß sein Vorschlag, abgesehen von jeder Legirungs-, Form- und Schmelzweise, nur ein Auskunftsmittel sei, und eine Modifikation des Kerngusses bilde, indem er das Bodenstück über einen kegelförmigen Dorn oder Stift gegossen wissen will. Er ist weit entfernt, damit die Zukunft des Broncegeschützes vollständig gesichert zu halten, sondern er ist vielmehr der Ansicht, daß das heutige

Broncegeschütz den täglich strenger werdenden Anforderungen auf Ausdauer in die Länge nicht mehr genügen werde. —

Gußstahl.

§. 50. Diese damals vereinzelnt laut gewordene Ansicht ist gegenwärtig eine allgemeine geworden. In dieser Zwischenzeit ist es aber auch gelungen, der Artillerie in dem durch die Fabrik von Friedrich Krupp zu Essen in Rheinpreußen zur höchsten Vervollkommnung gebrachten Gußstahle ein neues unvergleichliches Geschützmaterial zu bieten.

Sowohl die schon ersten gelungenen Versuche mit einer gußstählernen 12 Pfünder Granatkanone zu Braunschweig im Jahre 1848, als die diesen folgenden 1849 zu Berlin, 1856 zu München, Vincennes, Haag und Waalsdorp (Niederland), dann die 1857 zu Vincennes fortgesetzten Versuche mit aus der Krupp'schen Fabrik hervorgegangenen (nicht gezogenen) Gußstahlgeschützrohren verschiedenen Kalibers sind bereits aus anderen Schriften zu bekannt, als daß es hier am Platze erschiene, sie zu wiederholen*). Vom höchsten Interesse ist es, daraus als Resultat zu erfahren, daß nicht nur bei gewöhnlicher Feldladung das zu München geprobte 6 Pfünder Rohr 2000 Schüsse mit kalten und glühenden Kugeln und mit Büchsenkartätschen, dann das 12 Pfünder Granatkanonenrohr zu Vincennes 3000 Schüsse aushielten, und so blank und rein, ohne Kugelanschlägen, wie vor den ersten Schüssen blieben, sondern daß auch das letztere Rohr in Vincennes der Gewaltsprobe bei 5 Schüssen mit 6 Kilogrammes Pulverladung und 6 Kugeln so vollkommen widerstand, daß man bei der Untersuchung mit dem Etoile-mobile nicht die geringste Veränderung in der Seele bemerkte, und diese über-

---

*) Militär-Zeitung 1857; allgemeine Militärzeitung 1858; Archiv für die Offiziere des k. preuß. Artillerie- und Ingenieurs-Korps 1857; Schmölzl's Ergänzungs-Waffenlehre, 2. Aufl. 1857, S. 369—374.

mäßige Probe, der kein anderes Material widerstanden hätte, für mehr als genügend erkennen mußte. Diese in so hohem Grade bewiesene Festigkeit und Elasticität stempeln den Gußstahl zu dem haltbarsten Materiale und versprechen für die Gußstahlrohre die drei- bis vierfache Dauer der Broncerohre, so, daß die nun feststehende Vortrefflichkeit des Gußstahls und das Bedürfniß gezogener Geschützrohre die Ansicht hervorrufen müssen, das Geschützbronce gänzlich zu entfernen.

Darum muß auch ein rasches Vorgehen in dieser Richtung eintreten, und getrachtet werden, die Uebergangsperiode schnell durchzumachen, welches um so leichter geschehen kann, wenn man bedenkt, daß der eingebildete große Kostenpunkt dadurch bedeutend herabsinkt, daß durch die Verwerthung der Broncerohre der größte Theil schon gedeckt werden kann.

Daß man darüber schon zu Anfang des Jahres 1858 in Frankreich im Reinen war, davon liefert das auf Seite 36 erwähnte Urtheil des Präsidenten der Artillerieschule zu La Fère, General De la Hitte, und der Beschluß des Kaisers Napoleons III. über die Einführung der gezogenen Kanonen den Beweis. Nur eingetretene Hindernisse können daher Ursache sein, daß die für die französische Artillerie bei Krupp in Bestellung gegebenen 200 gußstählernen Geschütze bei dem Beginne des Krieges in Italien noch nicht geliefert waren*) und Frankreich nur momentan zum Ziehen der Broncerohre schritt.

Aluminiumbronce.

§. 51. Der Fabrikant Christofle in Paris, welcher das Aluminiumbronce (eine Legirung von 90 Theilen Kupfer und 10 Theilen Aluminium) wegen seine Härte und Zähe mit dem besten Erfolge zu Zapfenlagern und Reibungsflächen im Maschinenbaue angewendet

---

*) Nach Aussage gut unterrichteter Personen soll Krupp die Bestellung von Seite der französischen Regierung nicht angenommen haben.

hat, empfiehlt zwar vor Kurzem das Aluminiumbronce als Geschützmaterie, und der Büchsenmacher Lancaster in London ließ sich schon
im Jahre 1858 ein Patent auf Anwendung des Aluminiumbronces
für Gewehrläufe und Geschützrohre geben, indem er behauptet, daß
sich diese Legirung für Geschütze jeder Größe sehr vortheilhaft eignet,
da ihre absolute Elasticität oder Festigkeit bei einem englischen Qua-
dratzolle 97,000 englische Pfund (44,000 Kilogrammes) betrage und
bei dem besten britischen Geschützbronce aber nur 32,000 englische
Pfund (14,515 Kilogrammes) sei. Auf den rheinischen (bayerischen
Artillerie-) Quadratzoll zu 676 Quadrat-Millimetres berechnet, würde
ersteres Metall eine Cohäsionskraft von 46,654 und letzteres eine
solche von 15,391 Kilogrammes besitzen. Allein anderwärts angestellte
Versuche lieferten nicht dieses günstige Resultat; so weiset der bahe-
rische Artillerie-Oberst Weber, Vorstand der Geschützgießerei in
Augsburg, unter denselben Verhältnissen nach, daß nach Burg's
Untersuchungen das Aluminiumbronce auf 1 rheinischen Quadratzoll
bei einer Probe wohl 44,162, nach einer anderen aber nur 33,966
Kilogrammes Cohäsionskraft zeigte. Nach den Untersuchungen Weber's beträgt dagegen bei dem Krupp'schen ausgehämmerten Ge-
schützgußstahle die Cohäsionskraft auf 1 rheinischen Quadratzoll 39,042
Kilogrammes.

Mag hiernach auch angenommen werden, daß Aluminiumbronce und
Gußstahl ungefähr gleiche Cohäsionskraft besitzen, so entscheidet der
Kostenpunkt für die Annahme der letzteren Materie, von welcher die
Geschützrohre eher etwas billiger als von Geschützbronce zu stehen
kommen werden, während die Rohre aus Aluminiumbronce das Vier-
fache derjenigen aus Geschützbronce erreichen würden.

B. Grundzüge der Konstruktion.

§. 52. Mit der Annahme des Gußstahles als Geschützmaterie
ist aber noch nicht alles zu einer allgemeinen Einführung gezogener
Geschützrohre geschehen; so lange die aus bandähnlichen Furchen gebildeten Züge nicht beseitigt werden können, er-

scheint die Aufgabe nicht als vollkommen gelöst. — Die Schwierigkeiten in der Reinigung der Seele und im Einbringen der Ladung von der Mündung aus bleiben dieselben; und sind auch bei den guten Eigenschaften des Gußstahles die Beschädigungen in glattgebohrten Seelen auf Null reduzirt, so ist dennoch klar, daß dieses bei den in bisheriger Weise gezogenen Rohren nicht der Fall sein kann. Der Gedanke an das Bedürfniß der Einbringung der Ladung von rückwärts könnte noch immer nicht fallen gelassen*) und der für die Artillerie nie entbehrlich werdende Büchsenkartätschenschuß müßte auch ferner aufgegeben werden.

Unter den vielen bestehenden neueren Konstruktionssystemen der Handfeuerwaffen sind nur zwei bekannt, welche ihren Principien nach die Aussicht auf Erreichung des Zieles bieten könnten: dasjenige Lancaster's mit dem ovalen und dasjenige Whitworth's mit dem polygonalen Zuge.

System Lancaster und das Ladungsprincip Sievier's.

§. 53. Im Jahre 1855, als das System Whitworth's noch nicht bekannt war und das Lancaster's allein die Hand dazu bot, beschäftigte sich der Verfasser gegenwärtiger Schrift näher mit demselben, indem er zugleich ein neukonstruirtes Geschoß mit in Verbindung brachte. Die in der Art oval gebohrte Seele, daß die beiden Durchmesser ihres Querschnittes sich gleichförmig im Spiral vom Stoßboden bis an die Mündung hinziehen, schien alle Uebelstände zu beseitigen, indem sich ein Rohr mit ganz glatter Bohrung darstellt; und der damals sich verbreitete Ruf über die unerhörte Wirkung der Lancaster-Kanone, die gehegten hohen Erwartungen über ihr erstes Auftreten in der Krim waren auch geeignet, die Hoffnung einzuräumen,

---

*) Zufolge Nachrichten aus Frankreich soll man sich gegenwärtig wirklich mit der Herstellung eines Mechanismus zum Einbringen der Ladung von rückwärts bei den gezogenen Feldkanonen beschäftigen.

eine Bahn zu betreten, auf welcher man vielleicht in das erste Stadium zur Lösung der gedachten Aufgabe gelangen könnte. —

Im Jahre 1828, zu derselben Zeit, als Delvigne mit seinem neuen Ladungsprincipe für die Kammerbüchse mit Kugelgeschoßen auftrat, machte Sievier eine Schießmethode bekannt, mittelst welcher es ihm gelungen sein soll, mit 3 Loth (52,5 Grammes) Pulver eine 15pfündige Kugel (8,5 Kilogrammes) auf 525 Fuß = 153 Metres im Visirschuße zu schießen, welche noch 3 Fuß = 0,9 Metre tief in die Erde drang, indem er die Pulverladung nicht hinter der Kugel, sondern **in der Kugel selbst**, in einer darin ausgehöhlten konischen Kammer anbrachte.

Diese ausserordentliche Wirkung mit einer so geringen Quantität Pulver ist nur dadurch erklärlich, daß diese letztere mit der **ganzen Masse des entwickelten Gases**, ohne irgend einen Verlust durch den zwischen Kugel und Seelenwand bestehenden Spielraum zu erleiden, auf den abgeschossenen Körper wirken konnte.

Für die Kugelform der Geschoße war jedoch diese Erfindung wegen der, ersteren stets anklebenden Rotation in der Richtung der Flugbahn ohne praktischen Werth und deßhalb unbeachtet geblieben. Seit der Erfindung und Einführung der länglichen Geschoße erscheint aber die Entdeckung Sievier's zu einer vortheilhaften Anwendung vollkommen geeignet, da diese letzteren Geschoße bei einer ihnen um ihre Längenachse mitgetheilten Spiralbewegung der erwähnten Rotationsbewegung nicht unterworfen sind, und nebst ihren absoluten Vorzügen in Verbindung mit gezogenen Rohren (S. 10) auch die Eigenschaft besitzen, die Anwendung des Princips Sievier's durch Anbringung einer von der Basis aus in den chlinderischen Theil dringenden **Aushöhlung noch mehr zu begünstigen**.

Nicht nur, daß die Pulverladung mit ihrer **ganzen entwickelten Gasmasse** auf das Geschoß wirkt, sondern es wird auch durch die Aushöhlung der Geschoßschwerpunkt weiter als bei den massiven Spitzgeschoßen nach vorne gebracht, und der Treffpunkt der Stoßkraft jener ganzen Gasmasse dem Schwerpunkte ganz nahe gerückt. Folgerichtig läßt sich daher bei diesen Kammerspitzgeschoßen auf eine noch gesteigertere Wirkung mit verringerterer Ladung als bei den massiven Spitzgeschoßen schließen.

§. 54. Bei den dargelegten Ansichten wurde es der Mühe werth erachtet, Versuche im Kleinen, so weit es die zu Gebote gestandenen Mittel gestatteten, anzustellen, um durch diesen ersten Schritt vor Allem sich die Ueberzeugung zu verschaffen, ob wirklich etwas Ersprießliches zu hoffen stünde. Zu diesem ersten Versuche, welcher nur als Vorversuch dienen sollte, um zu sehen, ob sich keine Hindernisse zeigten, das Princip Sivier's anzuwenden, wurde das broncene Modell eines 6 Pfünder Feldkanonenrohrs in $^1/_4$ wirklicher Größe gewählt, welches einen Bohrungsdurchmesser von 15 Millimetres und eine Seelenlänge von 241 Millimetres hatte. Das Maß von 15 Millimetres wurde für den kleinen Durchmesser a b (Fig. 23) des die Bohrung zu bildenden Ovals beibehalten, und der große Durchmesser c d um 1 Millimetre mehr, also zu 16 Millimetres bestimmt. Die durch letzteren entstehende Erweiterung sollte sich in einem Spiral mit $^1/_4$ Windung auf die Länge der Seele von der Mündung bis an den Stoßboden hinziehen, so daß der große Durchmesser des Ovals an der Mündung in horizontaler und an dem Stoßboden in vertikaler Richtung sich befindet. Das Gewicht dieses Modells betrug 2,8 Kilogrammes.

§. 55. Die cylindro-ogivalen gußeisernen Geschoße (Fig. 24) erhielten im Ganzen eine Länge von 36,4 Millimetres, wovon 24,4 Millimetres auf den cylinderischen Theil kamen. Dieser Theil erhielt einen Durchmesser von 14,8 Millimetres und zum Eingreifen in den größern Durchmesser der ovalen Bohrung des Rohres 2 in entgegensetzter Richtung befindliche abgerundete Längengüsse a, a. In das massiv gegossene Geschoß wurde von der Basis aus eine cylinderische Aushöhlung von 12 Millimetres Weite eingebohrt, die an ihrem vorderen Ende parabolisch abgerundet war, um die Geschoßspitze nicht zu sehr zu schwächen und den Schwerpunkt so weit als möglich vorwärts zu bringen. Die ganze Tiefe dieser Aushöhlung

System Lancaster.

betrug 23,5 Millimetres. Es blieben sonach für die Geschoßwand 1,4 und für die ogivale abgerundete Geschoßspitze 12,9 Millimetres Eisenstärke stehen. Das Geschoß erlangte auf diese Weise ein Gewicht von 27 Grammes. Die Pulverladungen wurden in Säckchen aus feinem Zeuge verbracht, die in der Größe der Geschoßkammer angefertigt waren und nur 1,1 Gramme Musketenpulver faßten. Es betrug sonach die Pulverladung nur $1/_{25}$ des Geschoßgewichts.

Zu diesem Vorversuche wurde auf eine 0,5 Metre im Durchmesser haltende Scheibe gefeuert, und die erlangten ersten Resultate lieferten Nachstehendes bei 11 Geschoßen auf 37,5 — 75,0 und 112,5 Metres Entfernung: Alle Geschoße erreichten mit der vorwärts gewandten Spitze das Ziel und blieben gänzlich unverletzt; trotz der kurzen Seele von nur der Länge eines Pistolenlaufes wurden auf 75 Metres Entfernung 40% Treffer erlangt; woraus der Schluß gezogen werden durfte, daß das Princip Sievier's mit Vortheil seine Anwendung auf gußeiserne Spitzgeschoße finden könne.

§. 56. Dieses Resultat war genügend, um anzuspornen, auf der betretenen Bahn fortzuschreiten, und die Versuche mit dem nemlichen Rohrmodelle nach einigen Modifikationen am Geschoße noch einmal zu wiederholen (Fig. 25).

Der Durchmesser, die Länge und die Kammer des Geschoßes wurden wie bei dem ersten Geschoße belassen; der chluberische Theil erhielt aber äußerlich statt der Längenangüsse in der Richtung des größeren Durchmessers des Ovals nur 2 Wulsten a, a übereinander, um die Reibung des Geschoßes an der Seelenwand zu vermindern. Zur Anwendung einer größeren Pulverladung wurde das Patronensäckchen weggelassen, wodurch die Geschoßkammer 2 Grammes Musketenpulver, d. i. $1/_{13}$ des Geschoßgewichts faßte.

Es wurden 15 Schüsse auf 75, 150 und 225 Metres gemacht und nachstehende Resultate erhalten: Die Geschoße kamen sämmtlich mit ihrer Spitze vorwärts am Ziele an. Von denselben waren

3 Stücke beschädigt, und zwar 2 durch Eindrücke an der Spitze und 1 durch Abspringen der Seitenwand. Nachdem letzteres Geschoß an dem 225 Metres entfernten Ziele angelangt war, so war anzunehmen, daß dasselbe nicht schon im Rohre durch die Wirkung der Pulverladung, sondern erst am Ziele durch Ausübung einer großen Stoßkraft beim Aufschlage auf die Steiner der Kieswand, an welcher die Scheibe befestigt war, die gezeigte Beschädigung erlitten haben müsse. — Ungeachtet der Unsicherheit im Richten über das so kurze Rohr zeigten sich dennoch 20% Treffer in der Scheibe von 0,5 Meter Durchmesser auf 150 Metres. Nebst dieser vergrößerten Tragweite ließ sich auf eine sehr gesteigerte Perkussionskraft aus den an der Spitze von 4 Geschoßen im harten Gußeisen hervorgebrachten Eindrücken mit Sicherheit schließen.

§. 57. Nach diesen weiters gewonnenen Ueberzeugungen mußte der Wunsch rege werden, Versuche mit einem Rohre größeren Kalibers anzustellen. Hiezu wurde ein zweites Modell eines gußeisernen Kanonenrohres benützt, das für ein 6löthiges eisernes Kugelgeschoß construirt war, und einen Bohrungsdurchmesser von 32,75 Millim. hatte. Die Länge der Bohrung betrug 338 Millim., das Rohrgewicht 16 Kilogr. Der kleine Durchmesser der ovalen Bohrung wurde zu 32,75 Millim. belassen, der große auf 33,8 Millim. gesetzt.

Das Geschoß erhielt bei analoger Konstruktion des bei dem 2. Versuche angewandten äußerlich die in Fig. 26 in wirklicher Größe angegebenen Ausmaße. Der Aushöhlung (Kammer) gab man anfangs in cylinderischer Form die Größe, daß sie 17,5 Grammes Musketenpulver zu fassen vermochte.

Als hiebei das aus Eisen hohl gegossene Geschoß hiebei das Gewicht von 271,25 Grammes erreichte, so betrug diese Ladung demnach $^1/_{15,5}$ des Geschoßgewichts. Nachdem diese Geschoße jedoch nicht hinreichend der Ladung widerstanden, wurde zur Verstärkung der Geschoßwandungen der Kammer eine conische, vorne halbkugelförmig geschlossene Konstruktion gegeben (Fig. 26), welche an der Basis dieselbe Weite von 26 Millimetres behielt, aber vorne eine solche von nur 18,2 besaß, und eine Länge von 52 Millim. hatte. Dieses Geschoß wog 245 Grammes und faßte 22 Grammes ($^1/_{11}$ Geschoßschwere) Musketenpulver.

Bei der vorgenommenen Schießprobe mit 40 solchen Geschoßen leisteten die Wandungen vollständig Widerstand; sämmtliche Geschoße, von welchen 20 auf 225 Metr., 10 auf 300 Metr. und 10 auf 375 Metr. abgefeuert wurden, trafen mit der Spitze auf das Ziel, wozu eine 5,8 Metres lange und 2,6 Metres hohe Bretterwand verwendet wurde, in deren Mitte man die bereits benützte runde Scheibe aufhing. Dieselben drangen, nachdem sie die Scheibe und die Bretterwand durchdrungen hatten, noch 15,5 Centimetres tief in die steinige festgewachsene Kieswand ein. Die erzeugten Löcher in der letzteren hatten ebenso wie jene in der durchschossenen Scheibe und Bretterwand vollständig die cylinderische Form, mit der Achse in der Richtung der Flugbahn. Die Geschoße ließen äußerlich nach der Länge ihres cylinderischen Theiles sehr starke und glänzende Spiralstreifen bemerken, welche durch das Abschleifen des Eisens an den Steinern der festen Kieswand entstanden waren. Bei dem 5ten und 11ten Schusse traf auf 225 Metres Entfernung das Geschoß auf den Mittelpfosten der Bretterwand, welcher 23,4 Centimetres stark war; bei dem ersteren Schusse bohrte sich das Geschoß 10,4 Centimetres tief in diesen Pfosten ein und blieb darin stecken; bei dem letzteren durchdrang es sogar diesen Pfosten vollständig und ging noch 10 Centimetres tief in die Kieswand. Auf derselben Entfernung fand bei dem 20ten Schusse das Eindringen des Geschoßes in denselben Pfosten bis auf 13 Centimetres Tiefe statt. Dieses war auch der Fall bei dem 27ten Schusse in der Entfernung von 300 Metres.

Aus allen diesen Wahrnehmungen läßt sich zuverläßig schließen, daß die Geschoße während ihres Fluges unveränderlich in der Tangentiallage zu ihrer Bahn verharrten, die bohrende Spiralbewegung selbst noch bei ihrem Eindringen in die harte Kieswand mit der größten Ausdauer beibehielten, und mit einer außerordentlichen Perkussionskraft noch auf 375 Metres am Ziele anlangten. — Die geringen Aufsatzhöhen — von 1,5 Millim. auf 300 Metres und von 3,1 Millim. auf 375 Metres Entfernung — lassen auf eine sehr abgeflachte Flugbahn schließen.

§. 58. Obgleich die Mittel zu einer erwünschten Fortsetzung von Versuchen in weiterer Ausdehnung mit Geschützrohren natürlicher Größe nicht geboten waren, glaubte man doch schon nach den nur im kleinen Maßstabe gemachten Erfahrungen die Ueberzeugung aussprechen zu dürfen, daß sich durch eine Verbindung der Principien Lancaster's und Sievier's ein gezogenes Geschütz mit gußeisernen Spitzgeschoßen — bei Vermeidung der Ladung von rückwärts und furchenähnlicher Züge — konstruiren lassen möchte, welches gegen das bisher bestandene Konstruktionssystem eine sehr hohe Vervollkommnung der Artillerie in Aussicht stellen könnte, ungeachtet anderseits gefühlt werden mußte, daß bei dem Mangel an positiven Resultaten über das Verhalten von derlei Geschützen und Geschoßen eine weitere Berücksichtigung und praktische Erprobung derselben höheren Orts zur Zeit nicht beantragt werden konnte. Dies verhinderte darum aber den Verfasser nicht, sich noch in der zweiten Auflage seiner „Ergänzungs-Waffenlehre" Seite 380, für die Einführung eines Gußstahlrohres nach dem Systeme Lancaster's mit Vollspitzgeschoß auszusprechen.

Es währte aber nicht lange, brachte der Krieg in der Krim die mit so gewaltigem Lärm von den Engländern in die Welt hinaus posaunte Erfindung Lancaster's an das wahre Licht und zeigte den Unwerth derselben. Sie hatte vor Bomarsund so wenig wie vor Sebastopol geleistet. Der General Sir Howard Douglas berichtet in der neuesten Auflage seiner „Naval Gunery", daß das Lancastergeschütz auf die Entfernung von 1060 Yards (969 Metres) nur eine geringe Wirkung hervorgebracht und selbst auf 480 Yards (439 Metres) nur eine sehr geringe Trefffähigkeit gezeigt habe. Das

Rohr erleidet durch das Durchzwängen der großen Geschoßachse zwischen dem nach der kleinen Achse hinziehenden Spirale der Seele so heftige Erschütterungen, daß der Abgangswinkel des Geschoßes äußerst unregelmäßig ausfallen muß. Niemand denkt in England mehr an diese Geschütze und auch für die Handfeuerwaffen wurde dort das System Lancaster verworfen. Dagegen bewährte sich die Anwendung des Princips Sievier's auf Spitzgeschoße nach unseren Erfahrungen vollkommen. Darum verlassen wir auch die Idee einer Verbindung beider Systeme, und suchen für unsere Kammerspitzgeschoße eine vollkommnere Rohrkonstruktion auf.

System Whitworth.

§. 59. Dies scheint, wie oben erwähnt, nur bei derjenigen Whitworth's geboten zu sein. Whitworth, Mechaniker zu Manchester, legte nemlich im Jahre 1857 der englischen Regierung ein Gewehr von nachstehender Konstruktion vor. Dasselbe ist (ohne Bajonet) 1,244 Metres lang und hat ein Bohrungskaliber von 13 Millimetres (als Entfernung zweier gegenüberstehenden Polygonswinkeln.) Die Bohrung bildet im Querschnitte ein reguläres Sechseck und hat eine so beträchtliche Windung, daß der Drall auf 0,5 Meter Länge einen Umgang ausmacht. Das massive Langbleigeschoß (Fig. 27) soll aus einer Legierung von Blei und 3 bis 4% Antimon bestehen und bildet mit nur wenigem Spielraume ein sechsseitiges Prisma mit einer parabolischen Spitze, wobei die Kanten des Prismas der Windung der Seele entsprechend schief laufen. Seine Länge beträgt 3 Kaliber (39 Millim.) Das Geschoßgewicht beträgt 28 Grammes, die Pulverladung 3,5 Grammes. Das Einführen der Ladung geschieht von der Mündung aus. — Ueber die Vorzüglichkeit dieser Waffe erfahren wir[*] aus einem Vergleichsversuche mit dem Enfieldgewehre Nachstehendes:

Eine Reihe interessanter Versuche fand kürzlich in der Schieß-

---

[*] Allgem. Militärzeitung v. J. 1857, Nro. 51 und 52.

schule zu Hythe statt, um den Werth der Whitworth- und der Enfieldbüchse festzustellen. Die mit größter Genauigkeit und Unpartheilichkeit angestellten Versuche wurden von dem Vorstande der Schießschule, Oberst Hay, geleitet, und haben das entschiedene Uebergewicht der Whitworth-Büchse ausser allen Zweifel gesetzt. Die in der englischen Infanterie eingeführte Enfieldbüchse, welche man für die vollkommenste Feuerwaffe hielt, und zu deren Anfertigung eigens eine großartige Fabrik angelegt wurde, ist vollständig geschlagen worden. Sie wird, was Trefffähigkeit, Perkussionskraft und Tragweite betrifft, von der Whitworth-Büchse dermassen übertroffen, daß auf größere Entfernungen aller Vergleich aufhört.

Die nachfolgende Tabelle gibt die Resultate, welche im Laufe der über 8 Tage fortdauernden Versuche (unter je 10 Schüssen mit jeder Waffe) gewonnen, und welche letztere in Gegenwart des Kriegsministers und einer Anzahl militärischer und wissenschaftlicher Zeugen geschlossen wurden.

Waffe.	Entfernung.		Elevation.	Größe d. Scheibenbildes*).	
	Yards.	Metr.	Grad.	Fuß.	Metr.
Whitworth	500	460	1,15	0,87	0,265
Enfield			1,32	2,24	0,683
Whitworth	800	730	2,22	1,00	0,305
Enfield			2,45	4,11	1,253
Whitworth	1100	1010	3,45	2,41	0,735
Enfield			4,12	8,04	2,452
Whitworth	1400	1280	5,00	4,62	1,409
Enfield			6,20—7,00	kein Treffer	
Whitworth	1880	1720	6,40	11,62	3,544
Enfield			—	kein Treffer	

Hieraus ist ersichtlich, daß die Whitworth-Büchse auf 460 Metres eine größere Trefffähigkeit von 0,418 Metr., auf 730

---

*) Nach der mittleren Abweichung vom Mittelpunkte der Scheibe.

Metres von 0,948 Metr., auf 1010 Metres von 1,717 Metr. hatte, und daß von 1280 Metres an die Enfieldbüchse gar keinen Vergleich mehr bot. Auf 1010 Metres war das Scheibenbild der Whitworth-Büchse nur um Weniges größer als das der Enfieldbüchse auf 460 Metr.

Die geringeren Elevationen lassen bei der ersteren Büchse auch auf eine flachere Flugbahn schließen.

In Betreff der Perkussionskraft wurden eben so entscheidende Resultate gewonnen, indem das Whitworth-Geschoß mit der für das Enfieldgewehr vorgeschriebenen Pulverladung durch 33 einen halben Zoll (13 Millim.) dicke Ulmenbretter ging, während das Expansiv-Geschoß der Enfieldbüchse nicht über das 13te Brett (bei der gleichen Entfernung) hinauskam.

§. 60. Das letzte Schießen, fährt der Berichterstatter fort, vor dem Kriegsminister abgehalten, war besonders geeignet, die Eigenschaften der beiden Gewehre erkennen zu lassen, wonach aus nachfolgender Zusammenstellung sich die Ueberlegenheit der Whitworth-Büchse wiederholt bestätigt.

Waffe.	Entfernung.		Elevation.	Größe des Scheibenbildes.	
	Yards.	Metr.	Grad.	Fuß.	Metr.
Whitworth	800	730	2,22	1,41	0,430
Enfield	800	730	2,45	5,67	1,730
Whitworth	500	460	—	1,27	0,387
Enfield	500	460	—	3,30	1,006
Whitworth	500	460	—	1,33	0,405
Enfield	500	460	—	4,01	1,223

Hiernach gab die Whitworth-Büchse auf 460 Metres ein dreimal und auf 730 Metres ein viermal besseres Resultat als die Enfield-Büchse.

In seinem weiteren Raisonement sagt der Berichterstatter: „Da „die Whitworth-Büchse beim Abfeuern wie eine männliche und „weibliche Schraube wirkt, so muß sich auch das Geschoß mit vollkom-

„mener Gleichmäßigkeit und Genauigkeit um seine Längenachse fort=
„bewegen; zugleich kann man die Länge des Geschoßes belie=
„biebig vergrößern und dafür Metall von jeder Härte be=
„nützen. Dadurch ist es leicht, mit einer Büchse von 31 englische
„Zoll (0,775 Metres) Länge und ½ englischen Zoll (13 Millimetres)
„Bohrung mit einem Wund für 20 englische Zoll (0,5 Metre) oder
„zwei Wund für die ganze Länge eine eiserne Platte von 0,6 eng=
„lische Zoll (15 Millimetres) Dicke zu durchbohren, oder aus einem
„Stücke festen Werkholzes von ½ englischen Fuß (0,152 Metre)
„Dicke den Kern herauszuschießen. Von der Gewalt dieser Waffe
„kann man sich daran einen Begriff machen, daß das Geschoß in
„einer Minute 15,000 (!) Umdrehungen macht. Die Frage,
„ob man die 4 Zoll (0,1 Metre) dicke Brustwehr schwimmender
„Batterien durchbohren könne, ist gelöst, wenn das Princip auf die
„Artillerie angewendet wird, in deren Konstruktion es eine Re=
„volution hervorbringen muß." —

Die bereits von der norwegischen Artillerie für Vorversuche an Büchsen großen Kalibers angewandte Konstruktion Whitworth's scheint auch nach den erlangten günstigen Resultaten die letztausge=sprochene Ansicht bezüglich der vortheilhaften Anwendung auf Ge=schützrohre zu bestätigen.

§. 61. Setzen wir alle schon gewohnten englischen Ueber=treibungen bei Seite und untersuchen wir mit ruhiger deutscher Ueberlegung die einzelnen Elemente des Princips, so lassen sich bei der schon entschiedenen Annahme von Gußstahlrohren für Geschütze (§. 50 u. 52) nachfolgende Betrachtungen anstellen.

1) Das reguläre Sechseck des Querschnittes der Bohrung bildet 6 in die Geschützmasse eingehende stumpfe Winkel von je 120 Grad mit dazwischen liegenden ebenen Feldern, wovon jedes die Breite von ½ Kaliber besitzt.

2) Eine mit sechs furchenähnlichen Zügen versehene Bohrung zeigt dagegen zwölf einspringende und zwölf ausspringen=de Winkel im Allgemeinen von je neunzig Grad mit dazwi=

schen liegenden Feldern von nur $^1/_{12} \pi = 0{,}2618 \ldots$ Kaliber Breite (wenn — wie gewöhnlich — Züge und Felder gleiche Breite haben). Bei letzterer Bohrung sind durch die 12 ausspringenden Winkel eben so viel Kanten, die zusammen eine Länge von mehr als die zwölffache Seelenlänge ausmachen, einem baldigen Verderben blosgestellt, während die 12 einspringenden Winkel in derselben Länge mit den zwischen ihnen liegenden 6 Furchen das Festsetzen des Pulverrückstandes begünstigen, das Reinigen von demselben bei fortgesetztem Feuern **unmöglich machen** und in Folge dieses ein Zeitpunkt eintreten wird, wo die mit ihren Flügeln eingreifenden Geschoße nicht mehr von der Mündung bis an den Stoßboden gebracht werden können.

3) Bei der **Polygonalbohrung** sind die geradelinigen Felder der Seele und die in nur einem Winkel eingeschnittenen Züge gegen jede Beschädigung **geschützt**, ihre weite geradelinige Oeffnung erschwert das Festsetzen des Pulverrückstandes und erleichtert das Reinigen der Seele; kein vorspringender Theil ist dem Verderben blosgestellt. Die Polygonalbohrung sichert demnach eine **größere Dauer der Rohre** und erlaubt das **leichte Reinigen der Seele von der Mündung aus**.

4) Das reguläre **Sechseck** erscheint als das **entsprechendste Polygon** für den Querschnitt der Bohrung. Bei jedem Polygone von geringerer Seitenzahl würden die kleiner werdenden Winkel den Pulverrückstand mehr festhalten und das Reinigen erschweren; bei einem mehrseitigeren Polygone würde der Perimeter sich immer mehr dem Kreise nähern, die Differenz zwischen dem Radius und dem Abstande einer Seite vom Mittelpunkte immer geringer werden und dadurch die Führung des Geschoßes nicht vollkommen verbürgt sein, indem ein Springen der Geschoße aus den Zügen und Einzwängen zwischen den Feldern eintreten könnte.

5) Die **Polygonalbohrung bedingt die Benützung eines harten Metalles als Geschoßmaterie**; bei jedem weichen Metalle wäre die Führung des Geschoßes unsicher, letzteres würde

aus den Zügen weichen und sich abschälen. Sie gestattet daher auch das Gußeisen als Geschoßmaterie, sonach die Anwendung von Kammerspitzgeschoßen und folglich eine vortheilhafte Verbindung des Principes Sievier's mit demjenigen Whitworth's. —

6) Das Princip Whitworth's erlaubt bei der Konsistenz der Geschütz- und Geschoß-Materie, wie sie Gußstahlrohre und eiserne Geschoße besitzen, die Anwendung eines gesteigerten Dralls, was dem Geschoße eine unglaubliche Umdrehungsgeschwindigkeit und die größte Ausdauer in seiner bohrenden Bewegung verleiht; denn die beträchtliche Breite der Züge, für welche gleichsam die ganze Seite (f g, Fig. 28) des im Kreise beschriebenen Polygons betrachtet werden kann und welche bei dem Sechsecke die Größe von ½ Kaliber erreicht, dann die Tiefe der Züge (d e) von $\frac{1}{13}$ Kaliber und das volle Eingreifen des Geschoßes in dieselben, sichern die Führung des letzteren bei jedem Dralle.

Diese besonderen Elemente der Polygonalbohrung sind vollkommen geeigenschaftet, aus Gußstahl gezogene Geschützrohre herzustellen, welche das Einbringen der Ladung und die leichte Reinigung der Seele von der Mündung aus gestatten, die Anwendung aller Geschoßarten mit Einschluß des Büchsenkartätschenschusses zulassen und die größte Dauerhaftigkeit besitzen, sonach neben der, gezogenen Rohren mit Spitzgeschoßen ohnehin eigenen hohen Feuerwirkung, auch allen anderen gestellten Anforderungen entsprechen.

C. Kaliber-System.

§. 62. Nach vorausgegangener Bestimmung der Geschützmaterie (Gußstahl) und der Darstellung des Konstruktionsprincips (Whitworth) läßt sich nun zur Annahme der Kaliber und zur Detailkonstruktion übergehen, wobei die Ansicht festgehalten wird, die Einfachheit durch Annahme eines Einheitsgeschützes für die Feld- und eines solchen für die Festungs-Artillerie d. h. durch nur 2 Geschützkaliber auf den höchsten Grad zu steigern.

Einheitsgeschütz der Feldartillerie
Das Geschützrohr.

§. 63. Für die Feldartillerie steht als Grundsatz obenan: größtmöglichste Feuerwirkung und größtmöglichste Manövrirfähigkeit. Aus allen bisherigen Erfahrungen geht hervor, daß beides im Vereine nicht durch eine Vergrößerung, sondern nur durch eine Verkleinerung der Seelenweite erreichbar ist (S. 10). Man wähle daher nicht das 12 Pfünder, sondern das 6 Pfünder Kaliber für die Seelenweite des Feldgeschützes und gebe derselben 90 Millimetres für den Durchmesser a b (Fig. 28) des im Sechsecke c, k, l, d, m, n beschriebenen Kreises, wodurch die Entfernung c d zweier gegenüberstehenden Polygonwinkeln (Züge) 103,8 Millimetres und die Tiefe dieser Züge d e 6,9 Millimetres beträgt, bei einer Breite derselben f g von 45 Millimetres. Rundet man die Züge auf ihrem Grunde mit 0,9 Millimetre ab, so vermindert sich die Entfernung h i zweier Züge von einander auf 102 Millimetres und die Tiefe der Züge auf 6 Millimetres.

Dem Zuge gebe man einen starken Drall, jedoch nicht der Art, daß er auf weniger als zwei Metres eine Windung mache.

§. 64. In Beziehung auf die Einwirkungen des Dralles findet man von Gillot in seinen „Études sur les canons rayés" folgende Angaben über die Umdrehungsgeschwindigkeiten der Geschoße aus den Versuchen Cavalli's mit verschiedenen Pulverladungen.

Geschützkaliber.	Länge eines Umganges auf Anzahl Metres.	Pulverladung im Geschoßgewicht.	Zahl d. Geschoß-Umdrehungen	auf Metres Länge.	Zahl d. Geschoßumdreh. auf d. Sekunde Flugzeit.
50 Pf. Kanone	3,77	$\frac{1}{10}$	84	54	27
" " "	"	$\frac{1}{7}$	96	62	27
30 " "	3,77	$\frac{1}{7}$	96	49	34
" " "	"	$\frac{1}{6}$	105	53	34
" " "	"	$\frac{1}{5}$	112	57	35
" " "	10,36	$\frac{1}{5}$	35	18	34
24 " "	3,77	$\frac{1}{5}$	123	59	37
" " "	"	$\frac{1}{7}$	112	53	37
16 " "	2,61	$\frac{1}{10}$	120	49	43

Nach diesen Resultaten zeigten die Dralle von 3,77 und 10,36 Metres bei der 30 Pfünder Kanone mit ¹/₇ bis ½ geschoßschwerer Ladung eine gleiche Umbrehungsgeschwindigkeit des Geschoßes und gleiche Trefffähigkeit. Selbst mit ¹/₄ geschoßschwerer Ladung und 3,77 Metres Drall zeigte sich bei der 24 Pfünder Kanone eine nicht viel größere Umbrehungsgeschwindigkeit. Für stärkere Ladungen erscheinen jedoch mit Ausnahme des Dralles von 10,36 Metres die übrigen Dralle nicht geeignet. Anderseits lieferte der bei der 16 Pfünder Kanone angewandte stärkste Drall von 2,61 Metres mit der geringen Ladung von ¹/₁₀ Geschoßschwere die größte Umbrehungsgeschwindigkeit von 43 mal in der Sekunde.

Der für die französische 30 Pfünder Kanone bei den Versuchen zu Calais gewählte Drall von 6 Metres liegt in der Mitte zwischen denjenigen von Cavalli angewandten (3,77 und 10,36 Metres) und gibt für die ¹/₇ geschoßschwere Ladung 34 Geschoßumbrehungen per Sekunde. Sicherlich würden auch die Dralle von 7, 8 und 9 Metres bei starken Ladungen gute Resultate geben. Der für die französische 4 Pfünder Kanone angenommene starke Drall von 2 Metres scheint nach den oben bei der 16 Pfünder Cavalli'schen Kanone erlangten Resultaten der ¹/₁₂ geschoßschweren Ladung anpassend und wird dem Geschoße circa 46 Umbrehungen per Sekunde verleihen. Bei dem später für die proponirte Polygonalbohrung entwickelten Ladungsverhältnisse dürfte demnach ein Drall der Züge von 2 Metres gleichfalls entsprechen.

Für den Anfangspunkt des Dralls verdient wahrscheinlich die von Cavalli gemachte Erfahrung über die erforderliche vertikale Lage seiner beiden Züge am Stoßboden (S. 12) in soweit Beachtung, daß das Bohrungssechseck am Stoßboden mit zwei sich gegenüber stehenden Polygonwinkeln c und d (Zügen) in die Vertikalebene durch die Seelenachse gelegt werden müsse. — Das Bohrungssechseck reiche ganz bis an den Stoßboden; der letztere werde concav gewölbt und erhalte die Konstruktion eines Kugelsegments, dessen Basis die Kreisfläche innerhalb des Sechseckes bildet. Die hierbei an den Ausläufen der Züge sich bildenden Absätze von nur 6,9 Millimetres sind abzufräsen, damit kein scharfer Rand stehen bleibe, der einer baldigen Ausschartung unterliegen würde.

§. 65. Für die Bestimmung der Metallstärken benütze man die vorliegenden Erfahrungen. Das im Jahre 1848 in der Krupp'schen Fabrik nach einer englischen 12 Pfünder Granatkanone erzeugte und zu Braunschweig geprobte Gußstahlrohr, welches den Pulverladungen von 4 Pfund und von 6¼ Pfund mit je zwei 12 Pfünder Granaten per Schuß, welche mit Blei ausgefüllt waren, widerstand, hatte keine größeren Metallstärken als das gleichnamige Broncerohr. Demnach waren diese Stärken am Bodenstücke 64,6, am Zapfenstücke 63,9 und am langen Felde 61,0 Millimetres. Gibt man dem projektirten Gußstahlrohre von den Spitzen der Polygonwinkel aus diese Metallstärken, also am Bodenstücke c o eine solche von 64,6 Millimetres, so werden dieselben genügen, und das Rohr erhält bei Belassung der bisherigen äußeren konischen Gestalt nachstehende Durchmesser:

am Bodenstücke . . . . 231,2 Millimetres.
" Zapfenstücke . . . . 229,8 "
" langen Felde . . . . 224,0 "

Die größten Metallstärken, in der Mitte der Polygonseiten, werden betragen:

am Bodenstücke (p q) . . . . 70,6 Millimetres.
" Zapfenstücke . . . . 69,9 "
" langen Felde . . . . 67,0 "

Am Kopfe vermehre man die Metallstärke um 10 Millimetres. Dem Stoßboden gebe man eine Stärke von 1 Kaliber (90 Millimetres).

Bei der Eigenthümlichkeit der Kammerspitzgeschoße, wonach die Pulverladung ihren Platz in der Geschoßkammer erhält, fällt der Raum, den bei anderen Geschoßen die Patrone in der Seele des Rohres einnimmt, gänzlich weg. Das Geschoß sitzt unmittelbar auf dem Seelenboden auf und erhält von dort an schon seine

Führung längs der ganzen Bohrung: und berücksichtiget man ferner, daß die bedeutend verringerte Pulverladung in dem eingeschlossenen Raume der Geschoßkammer auch leichter zu ihrer gänzlichen Verbrennung gelangen wird, so kann die Seelenlänge füglich um 3 Kaliber gegen diejenige der cylindrisch gebohrten Rohre verkürzt, sohin von 18 auf 15 Kaliber herabgesetzt werden. Dieselbe würde demnach 1350 Millimetres betragen, d. i. 111,7 Millim. weniger als beim Gribeauval'schen 4 Pfünder Rohre (S. 37).

Die Seelenmündung, an deren scharfen Kante nach den gemachten Erfahrungen bei Gußstahlrohren ebenso wie bei den gußeisernen häufig Ausschartungen vorkommen, ist abzukanten.

Für das Zündloch, über dessen Stellung erst später verhandelt wird, ist das Einsetzen eines kupfernen Zündkerns schon von Anfang an unerläßlich, da sich ein in den gußstählernen Geschützkörper selbst gebohrtes Zündloch schon nach 500—600 Schüssen so schnell ausbrennt, daß es dann die Maximalweite überschreitet.

Für die Schildzapfen dürfte die Stärke von 1 Kaliber genügen.

Das Rohr ist mit einem Aufsatze am Kopfe von 3,6 Millimetres Höhe gänzlich zu vergleichen.

Die Delphinen bleiben weg; zur besseren Handhabung des Rohres belasse man demselben jedoch die Traube.

Das Gewicht eines solchen Rohres kann, in Anbetracht dessen, daß das specifische Gewicht des Gußstahles geringer als dasjenige des Bronces ist*), das projektirte gezogene Gußstahlrohr in der Seele nur 15 Kaliber lang, dessen Kaliber überhaupt kleiner als das des 6 Pfünder Broncerohres werden, und die Delphinen, sowie alle Ver-

---

*) Das in München geprobte 6 Pfünder Gußstahlrohr von gleichen Ausmaßen wie das broncene war um 87 Pfund leichter als das letztere. Das in Vincennes geprobte gußstählerne 12 Pfünder Granatkanonenrohr war 88 Kilogrammes leichter als das broncene von gleichen Ausmaßen.

zierungen entfernt bleiben sollen, leicht um 2 Zentner (112 Kilogrammes) geringer ausfallen als das 18 Kaliber lange, mit Delphinen, Friesen, Bändchen und bedeutender Kopfverstärkung versehene daher. 6 Pfünder Feldkanonenrohr. Es wird ungefähr das Gewicht von 296 Kilogrammes erreichen und dadurch an Leichtigkeit dem französischen gezogenen 4 Pfünder Broncerohre (S. 37) ziemlich nahe kommen.

Die Geschoße.

Der Kugelschuß.

§. 66. Der preußische Artillerie-General Du Vignau sagt in seinem Werke: „Ueber die Aenderungen, welche dem Artillerie-Wesen „durch das verbesserte Infanterie-Gewehr auferlegt werden", im Jahre 1855 schon:

„Die Artillerie sieht sich dazu gezwungen, so schleunig als „möglich den richtigen Standpunkt einzunehmen, welcher ihr von „der allgemeinen Einführung des verbesserten Infanterie-Gewehres „aufgedrungen wird. Es hat damit Eile, denn die Zeit, in welcher „die Haupttheere Europa's mit verbesserten Gewehren ganz oder größ„tentheils bewaffnet sein werden, ist nicht fern; und bei weitem „mehr Zeit gehört dazu, um die Artillerie-Materiale und die Or„ganisation der Artillerie-Truppen von dem bedürftigen veränderten „Geiste ihrer Wirksamkeit und ihres Verhältnisses zu den übrigen „Truppen durchwehen zu lassen."

Du Vignau weiset am Schlusse seines Werkes dabei auf die vor allem nothwendige Verbesserung des sogenannten Vollkugelschusses hin, indem er sagt:

„Gelingt es der Artillerie, mit den für nöthig erkannten „Veränderungen recht bald einen sicherer treffenden Kugel„schuß — gegenwärtig der wichtigste Gegenstand aller artilleristischen „Schießversuche — auf den größeren Entfernungen zu ver„binden, so ist sie von der Thätigkeit und den Erfolgen auf dem

„Gebiete der kleinen Feuerwaffen nicht mehr überflügelt, und
„wird der Armee mehrfachen Ersatz für das gewähren, was sie
„an ausschließlicher Wirksamkeit verlor."

Von der Wahrheit dieses Ausspruches und von den unerläßlichen
Bestrebungen nach einer baldigen Erreichung des bezeichneten Stand-
punktes fühlt sich jeder Artillerist sicherlich ganz durchdrungen.

Zu einem sicherer treffenden Kugelschusse auf den größeren Entfernungen zu gelangen, ist auf keinem anderen Wege,
als auf demjenigen, welchen die successive Entwicklung der Handfeuerwaffen vorzeichnet — durch Anwendung eines Spitzgeschoßes —
vorauszusehen. —

Die Principien der Expansion und der Kompression der
Geschoße haben sich bei den Geschützen als unausführbar, dasjenige der Einpressung (Pression) der Geschoße (mit der Ladung
von rückwärts) als mangelhaft gezeigt; das Princip Sievier's
wird hingegen bei Geschützen seine vortheilhafte Anwendung
finden können (S. 69).

§. 67. Die Erfindung der Spitzgeschoße läßt nach den
Aeußerungen Delvigne's in dessen Schrift: „Sur l'emploie et les
„effets des projectiles cylindro-coniques etc.", nachstehende Modifikationen in der Konstrution der Handfeuerwaffen zu:
1) Man kann unter Beibehaltung desselben Gewehrgewichts das
   Geschoßgewicht vergrößern und dadurch die Schußweite verlängern; oder
2) bei gleichbleibendem Gewehr- und Geschoßgewichte das Kaliber verkleinern und dennoch die Schußweite vergrößern; oder
3) für einerlei Schußweite und Geschoßgewicht das Kaliber
   und das Gewehrgewicht vermindern.

Nach den von Tamisier angestellten Beobachtungen können die
Spitzgeschoße eine ansehnliche Verlängerung vertragen, um auf
bedeutende Entfernungen mit großer Trefffähigkeit und Perkussionskraft zu wirken. Derselbe hat auf diese Weise mit Spitzgeschoßen von

einer Länge bis zu 7 Kaliber gefeuert, und selbst bei einem geringen Dralle eine beträchtliche Spiralbewegung erlangt. Auch die in Amerika gemachten Versuche lehren, daß lange Geschoße von sehr kleinem Kaliber die größte Trefffähigkeit besitzen.

Dabei müssen aber die Grundsätze zur Konstruktion der Spitzgeschoße wohl im Auge behalten sein: Schwerpunktlage möglichst weit nach vornen gegen die Spitze, möglichst größte Entfernung des Widerstandsmittelpunktes hinter dem Schwerpunkte, möglichste Vergrößerung der nach abwärts der Luft entgegen drückenden Geschoßfläche, stärkeres Eingreifen des der Basis zunächst liegenden Theiles in die Züge als an der übrigen Außenseite des Geschoßes.

§. 68. Alle diese an den Handfeuerwaffen gemachten Erfahrungen lassen auch ihre Anwendung auf die Geschütze finden. Es kann daher keinem Zweifel unterliegen, für das projektirte gezogene stählerne Feldgeschützrohr mit der Polygonalbohrung von 90 Millimetres Kaliber für den eigentlichen Kugelschuß ein Spitzgeschoß konstruiren und daraus mit gesteigerter Wirkung feuern zu können, dessen Gewicht dem der 12 Pfünder Rundkugel zu 5,5 Kilogrammes gleichkommt, wonach auf 1 Kilogramme des Geschoßes ungefähr 50 Kilogrammes des Rohres treffen würden.

Dieses Gewicht möchte wohl mit einem gußeisernen auf nachstestehende Weise konstruirten chlindro-ogivalen Kammerspitzgeschoße von 2½ Kaliber Länge für den sogenannten Kugelschuß erreicht werden (Fig. 28 u. 29).

Setzt man den Spielraum auf 2 Millimetres fest, so ergibt sich das Kaliber dieses Geschoßes, beziehungsweise der Durchmesser r s des cylinderischen Theiles zu 88 Millimetres. Die ganze Länge des Geschoßes zu 2½ Kaliber desselben beträgt demnach 220 Millimetres, wovon mehr als ⅔, nemlich 150 Millimetres auf den cylinderischen Theil kommen, so weit die im Geschoße angebrachte Kammer reicht. Der vordere 70 Millimetres lange massive ogivale Theil ist an der Spitze abgerundet.

Die Geschoßbasis erhält die Gestalt eines um den Kreisschnitt der äußeren Chlinderfläche beschriebenen regulären Sechseckes t, u, v, d, w, x, dessen Seite 50,9 Millim. lang ist. Mit dieser Basis ist ein 20 Millim. hohes eisernes Prisma an den Geschoßkörper gegossen, dessen Kanten gleichsam 6 Flügeln bilden. Werden diese letzteren den Zügen des Rohres entsprechend um 0,9 Millimetre abgerundet, so springen sie um 6 Millimetres über den chlinderischen Geschoßtheil vor und der Durchmesser an 2 diametral entgegenstehenden Flügeln d t an der Geschoßbasis würde 100 Millimetres betragen. In der Mitte der Höhe des chlinderischen Geschoßtheiles könnte sich ein zweites ganz gleiches sechsseitiges Prisma, jedoch in der Art angegossen befinden, daß die Flügeln an den dem Dralle der Züge entsprechenden Stellen seitwärts von den Flügeln der Basis stehen. Alle Flügeln sind nach oben und unten abzurunden. Die Zahl derselben würde sich demnach in einer Doppelreihe an der äußeren Geschoßfläche auf 12 belaufen.

Obwohl jedoch bei der Konstruktion der Züge und Flügeln auf keinem Falle eine derartige Oscillation und Reibung an der Seelenwand zu befürchten wäre, welche die französischen Versuche zu Vincennes bei 6 Zügen und 12 Flügeln bemerken ließen (S. 34), werden dennoch die Vorzüge von nur eben so viel Flügeln als Züge zugestanden werden müssen, und wird entsprechender sein, sogleich wie an den französischen Spitzgeschoßen zur Anbringung von nur 6 Flügeln, und zwar ebenfalls schachbrettförmig in zwei Reihen zu schreiten, so daß sich das Geschoß an der Basis wie Figur 28 und von der Seite wie Figur 29 zeigt, darstellt, wo sich die 3 Flügel u, d, x in der unteren und t, v, w in der oberen Reihe befinden, sohin in jeden Zug nur ein Flügel oder Ansatz greift.

Zur Konstruktion der Kammer des Geschoßes bleibt zu berücksichtigen, daß

1) sie den Raum besitze, diejenige Quantität Pulver zu fassen,

welche zur Erzeugung der hinreichenden Treibkraft erforderlich ist;

2) die Geschoßwände dieser Kraft vollkommen widerstehen;

3) die Geschoßspitze die Stärke erlange, daß der Geschoß-schwerpunkt möglichst nach vornen falle.

In Folge der aus den auf Seite 65 bis 67 angeführten Versuchen erlangten Resultate scheint bei den Kammerspitzgeschoßen eine **Pulverladung** von $1/10$ bis $1/10$ Geschoßgewicht schon zu genügen, um einen Kugelschuß zu erlangen, dessen Tragweite, Trefffähigkeit und Perkussionskraft den gegenwärtig gesteigerten Anforderungen entspricht.

Um die Widerstandsfähigkeit des Geschoßes an der Spitze zu vermehren, gebe man der Kammer die Gestalt eines **abgekürzten Conus** mit einer oben angebrachten sphärischen Ausrundung und einer unten abgerundeten Kante. Erhält diese Kammer an der Geschoßbasis (Fig. 28) einen Durchmesser $y z$ von 60 Millim., oben einen solchen von 40 Millim. und eine Tiefe im Ganzen von der Länge des cylindrischen Geschoßtheiles, nemlich 150 Millim. (Fig. 29), so entziffert sich ein hohler Raum von 0,000276 Kubikmetre. Dieser Raum wird, wenn das Pulver wie in Patronensäckchen festgebeutelt und zusammengerüttelt wird, bei 300 Grammes Pulver mittleren Korns fassen, was eine **Ladung** von $1/14$ Geschoßgewicht gibt.

Nach dieser Bestimmung der Größe der Geschoßkammer ergeben sich für die Stärke der Geschoßwände folgende Ausmaße:

an den Flügeln der Geschoßbasis z' u zu . . . . . 20 Millim.

in der Mitte zwischen den Flügeln an dieser Basis

bei $r y$, s z zu . . . . 14 „

am vorderen Ende, wo der sphärische Theil der Kam-

mer beginnt . . . . 24 „

Die massive Geschoßspitze, welche in ihrer Länge zu 70 Millimetres fast den dritten Theil der ganzen Länge des zu $2/3$ derselben ausgehöhlten Geschoßes einnimmt, sichert die **Schwerpunktlage** des ganzen Körpers hinreichend **nach vornen**.

§. 69. Betrachtet man dieses Kammergeschoß näher, so fällt in die Augen, daß sich an demselben vermuthlich die Idee der Geschoß-expansion nach Charrin (S. 28) mit Vortheil anwenden läßt. Hiezu müßten jedoch nachstehende Modifikationen eintreten (Fig. 30).

Man bringe an den für die Flügeln bestimmten Stellen cylindrische Expansionsöffnungen von 14 Millimetres Weite an. An allen 6 Stellen erscheint dieses jedoch nicht rathsam, da die Geschoßwand zu sehr geschwächt würde. Man nehme demnach solches nur an 3 Stellen vor, lasse die oberen 3 Flügeln gänzlich weg, setze die unteren 3 Flügeln so hoch, daß von der unter ihnen stehen bleibenden Wand bei der Explosion der Ladung ein Aussprengen nicht zu befürchten ist, und gebe ihnen eine so entsprechende Länge, daß die Führung des Geschoßes gesichert ist.

In diese 3 Expansionsöffnungen schneide man Muttergewinde (d) mit einem sehr hohen, aber sehr seichten Schraubengange ein und verschließe dieselben durch 3 Schrauben aus Zink (e), deren Köpfe eine den Flügeln gleiche Gestalt besitzen. Für ein derartiges Geschoß bedarf die Seele des Geschützrohrs auch nur 3 Züge von der oben bei der sechszügigen Polygonalbohrung angeführten Konstruktion, und diese Seele wird sich in ihrem Querschnitte, wie es Fig. 30 darstellt, zeigen. Die 3 Schrauben werden bei der Explosion der Pulverladung gehoben werden und den geringen Spielraum von 2 Millimetres in den Zügen leicht ausfüllen. Hierbei wird die Expansion wahrscheinlich gleichmäßiger eintreten, wenn von den 3 Zügen einer auf der oberen Seelenwand am Stoßboden beginnt, so daß allen 3 Schrauben eher der erforderliche Spielraum zu ihrer Ausdehnung geboten ist, als es im entgegengesetzten Falle, wenn einer derselben in einem auf der unteren Seelenwand befindlichen Zuge aufliegen würde, möglich wäre.

Die Pulverladung fülle man in ein aus Schafwollenzeug, nach der Konstruktion der Geschoßkammer konisch geformtes Säckchen, und schiebe die so gebildete Patrone in jene Kammer. Zur Verbindung dieser Patrone mit dem Geschoße lege man an den Boden der Patrone, welcher zu einer sicheren Entzündung der Ladung durch das von oben eingebohrte Zündloch etwas über den Geschoßboden vorstehen muß, ein aus 3 gleichfalls wollenen breiten Bändern geformtes Kreuz, ziehe man dessen 6 eingefettete Enden über das Geschoß, davon 3 unmittelbar über die unteren Geschoßflügeln, und befestige die Enden daselbst mittelst eines um den cylinderischen Geschoßtheil gelegten Bundes (Fig. 31).

Der Granatschuß.

§. 70. Gegen Truppen liegt die der Artillerie nöthige erhöhte Wirksamkeit in einer möglichst vermehrten Trefferzahl des einzelnen Schusses — in der eigenthümlichen Geschoßwirkung und möglichst größten, ausgedehnten Anwendung der Hohlgeschoße als Streu- oder Hagelgeschoße. — Es ist daher zur unbedingten Nothwendigkeit geworden, nun auch die Granaten mit einem tempirbaren Zünder zu versehen; dann sind auch die gezogenen Kanonen für den Granatschuß wegen der erzeugten flacheren Flugbahn, wodurch sich die Sprenghöhe vermindert, von dem vortheilhaftesten Einflusse auf dessen Wirkung.

Für den Granatschuß läßt sich das Princip Sievier's nicht wohl anwenden, da die Geschoßkammer zu viel Raum einnehmen würde und nur die ausgehöhlte Geschoßspitze dazu benützt werden könnte, als Sprenggeschoß zu wirken. Es ist daher entsprechender als Granate für das gedachte Feldgeschützrohr mit der sechskantigen Polygonalbohrung ein gußeisernes Hohlgeschoß, ähnlich demjenigen der französischen Feldartillerie anzuwenden. Man gebe demselben im Ganzen 2 Kaliber d. i. 176 Millimetres Länge und dieselbe massive Spitze zu 70 Millimetres wie dem Kammerspitzgeschoße (Fig. 29). Die Wanddicke werde an dem etwas convex gewölbten Boden 30, an den Seiten 14 Millimetres. Auffen an dem cylinderischen Theile sind zunächst der Geschoßbasis wie an dem Kammerspitzgeschoße 3 und in deren Zwischenräumen oberhalb ebenso die anderen 3 Flügeln für die sechsseitige Polygonalbohrung angegossen. Den Durchmesser setze man am cylindrischen Theile gleichfalls auf 88 und den an den Flügeln auf 100 Millimetres. Als Füllung verwende man Geschützpulver und Brandcylinder, letztere aus Röhren von Zinkblech mit geschmolzenem Zeuge gefüllt. Von der Spitze aus schraube man einen tempirbaren oder einen Perkussions-Zünder ein. Als letzterer ist der von dem französischen Obersten Susener konstruirte zu empfehlen (Seite 34). Bei der Anwendung eines tempirbaren Zünders bleibt die Entzündung des letzteren bei dem Vorhandensein des Spielraumes zwischen Geschoß und Seelenwand durch den bloßen Feuerstrahl der Geschützladung hinreichend gesichert und wird das auf Seite 55 in dieser Beziehung ausgesprochene Bedenken, der Granatschuß könne nicht gegen Truppen, sondern nur gegen freistehende Deckungen gebraucht werden, gänzlich gehoben. Es kann derselbe Zünder wie zu den Granatkartätschen (Fig. 32) Anwendung finden. Ein solches Geschoß wird in seinem gefüllten Zustande nahezu das Gewicht von 5,5 Kilogrammes erhalten.

Die Pulverladung von 300 Grammes, wie bei dem Kammerspitzgeschoße wird jedoch nicht genügen, weil nicht wie dort das expansible Pulvergas zur concentrischen Wirkung auf das Geschoß zusammengehalten ist, und das Entweichen durch den Spielraum nicht vermieden werden kann. Es wird wenigstens eine Ladung von 400 Grammes Pulver nothwendig werden. Die hieraus gebildete Patrone kann dadurch mit der Granate verbunden werden, daß man das Patronensäckchen bis über die unteren 3 Geschoßflügeln hinaufzieht und dort einen Bund anlegt. Zur Schonung des Pulvers verbringe man zwischen dasselbe und die Geschoßbasis eine Lage Kühoder Rehhaare.

Der Granatkartätschenschuß.

§. 71. Für den Granatkartätschenschuß wird das gleiche Hohlgeschoß wie vorstehend verwendbar sein, nur ist das Zündloch für einen, große Brennzeiten zulassenden Zünder zu erweitern, wie sie sich für einen bis auf 2000 Metres entfernten Sprengpunkt ergeben. Auch ist es entsprechender, die Eisenstärke, statt wie bei den Granatgeschoßen an der Spitze, am Boden zu vermehren, damit die Bleikugelfüllung und dadurch die Schwerpunktlage nach vornen gerückt werde. Man isolire die Sprengladung von der Bleikugelfüllung, indem man für erstere in der Längenachse des Geschoßes ein Rohr (Fig. 32 a a) aus Zink einbringt und die Bleikugeln durch ein an der Geschoßwand angebrachtes und mit einer Schraube verschließbares Füllloch b um die Sprengladung lagert. Als Zünder, dessen Entzündung ebenso wie bei dem Granatgeschoße gesichert ist, wende man den von Breithaupt modifizirten Bormann'schen an. Der Hauptkörper c, welcher oben den Satz d d in ringförmiger Lage aufnimmt und unten mit einem Schraubengewinde e versehen ist, besteht aus einer Legirung von gleichen Theilen Zinn und Zink. f ist die bewegliche Tempirplatte aus demselben Metalle, welche sich mit der Oberfläche des Geschoßes vergleicht, den Satzring oben deckt und an ihrem Rande einen bis auf den Satzring durchgehenden Einschnitt g besitzt, der die Tempiröffnung bildet. Der Theil h i ist massiv und bildet die Scheidewand im Satzringe, von welchem aus unweit des Nullpunktes die Kommunikation des Feuers innerhalb des Hauptkörpers abwärts nach der Sprengladung des Geschoßes geführt ist. k ist die Tempirschraube und l der Scalaring. Erstere bildet die Spitze des Geschoßes aus Eisen. Auf die untere rauhgemachte Fläche der Tempirplatte wird sämisches Leder mittelst Leim und Kreide aufgekittet, nachdem das Leder mit pulverisirter Magnesia gerieben worden ist, wodurch es unverbrennlich wird.

Zum Tempiren des Geschoßes wird die Tempirschraube etwas gelüftet, dann die Tempirplatte soweit gedreht, bis die Tempiröffnung an dem erforderlichen Theilstriche des Scalarings steht und hierauf die Tempirplatte mittelst Anziehens der Tempirschraube fest aufgedrückt. Das schon einmal tempirte Geschoß kann nach Bedarf auf gleiche Weise entweder für eine andere Entfernung tempirt oder bei einem Einstellen des Feuers durch Verbringen der Tempiröffnung über den massiven Theil h i auf ihren anfänglichen Zustand zurückgeführt werden.

Die Pulverladung wird, um den Bleikugeln von dem bis über 2000 Metres hinausgeschobenen Sprengpunkte aus für deren Streuwirkung noch die erforderliche Fluggeschwindigkeit zu verleihen, wahrscheinlich auf 500 Grammes erhöht werden müssen. Die Verbindung der Patrone mit dem Geschoße kann auf gleiche Weise wie bei dem Granatgeschoße geschehen.

Gerade für den Granatkartätschenschuß werden die gezogenen Rohre wegen der abgeflachteren Flugbahn und des geringeren Geschwindigkeitsverlustes des Spitzgeschoßes zu dessen vergrößerten Wirkung als Hagelgeschoß beitragen. Bei der regelmäßigen Drehung dieser Geschoße um ihre Längenachse gegen die zufällige Rotation der sphärischen Geschoße aus glattgebohrten Rohren wird wahrscheinlich die Streuung zunehmen, dagegen werden sich die Verschiedenheiten der einzelnen Streuungsgarben vermindern; bei den für das Spitzgeschoß sich ergebenden geringeren Sprenghöhen werden die Sprengintervallen entsprechend vergrößert werden können. Ueberhaupt wird für die gegenwärtige Artillerie das Maximum der Wirkung in einer Verbindung der gezogenen Kanone mit dem Hagelgeschoße (Granaten und Granatkartätschen) liegen. —

Der Büchsenkartätschenschuß.

§. 72. Schon werden, die Wahrheit der Unmöglichkeit einer Anwendung des Büchsenkartätschenschusses aus den nach gewöhnlicher Art gezogenen Geschützrohren erkennend, Auswege gesucht, statt des Büchsenkartätschenschusses einen sogenannten Postenschuß anzuwenden. Von dem großh. hessischen Oberlieutenant von Plönies wird für das Nähefeuer aus dem gezogenen Infanteriegewehre ein solcher Postenschuß, aus 4 aufeinander gesetzten chlindro-conischen bleiernen Expansivgeschoßen gebildet, vorgeschlagen (Fig. 33), und der Mittheiler dieser Idee durch die allgemeine Militärzeitung vom 3. September 1859 spricht die Meinung aus, daß die Anwendung eines solchen Postenschusses als Kartätschenschuß auf die „moderne Artillerie" sehr nahe liege. — Unserer Meinung nach vermag indessen noch nicht im entferntesten ein solcher Postenschuß als Ersatz für den aufzugebenden bisherigen mörderischen Kartätschenschuß einzustehen. —

Bei dem gußstählernen Geschützrohre mit der Polygonalbohrung erscheint das Forschen nach einem solchen Ersatzmittel durchaus nicht für bedürftig, denn man kann für den Büchsenkartätschenschuß wie bisher die Kartätschenkugeln in eine cylinderische Blechbüchse füllen, die unten mit einem eisernen Stoß- und hölzernen Bodenspiegel, oben mit einem eisernen Deckspiegel geschlossen ist. Der äußere Durchmesser dieser Büchse müßte den übrigen Geschoßen des Feldkalibers entsprechend 88 Millimetres betragen.

Die Lage dieses Geschoßes in dem Rohre ist gleichgültig, da es nicht im ganzen Zustande wie die übrigen das letztere zu verlassen hat. Bei ausgefüllt gedachtem Spielraume würde die cylinderische Seitenwand sodann die flachen Felder der sechsseitigen Polygonalbohrung berühren und die Züge blieben unausgefüllt. In diese letzteren könnten die Kugeln bei dem durch die Explosion der Geschützladung eintretenden Zerreissen der Büchse im ersten Augenblicke mit Gewalt geschleudert werden und die Kugelanschläge mehr als an den flachen Feldern verderblich wirken, wenn nicht überhaupt die gußstählerne Geschützmaterie auch hierin, wie zu erwarten ist, vollkommen widerstünde. Sollte dennoch sich das Bedürfniß einer Ausfüllung der Züge zu deren Schutz zeigen, so lege man längs der cylinderischen Seitenfläche der Büchse C den Zügen entsprechende hölzerne Leisten an. (Fig. 34 a, a.) Diese Leisten erhalten 25 Millimetres Breite und längs ihrer Mitte 6 Millimetres Stärke.

In diesem Falle ist aber nothwendig, die Büchsenkartätsche bei dem Laden des Geschützes in eine gewisse Lage zu bringen, daß die erwähnten Leisten auf die Züge treffen. Solches kann dadurch erzielt werden, daß man diese Leisten um eine Niete b beweglich macht und aus einem leicht biegsamen, elastischen Holze fertigt, damit sie sich beim Hinabschieben der Büchse an den Stoßboden des Rohres nach dem Dralle der Züge c d wenden und, an die krumme Seitenfläche des Cylinders gedrückt, an dieselbe schmiegen.

Eine gleiche Verbindung der Patrone wie bei den übrigen Geschoßen kann bei der Büchsenkartätsche nicht stattfinden, weil durch das Heraufziehen des Patronensäckchens über die Geschoßbasis die Beweglichkeit der Leisten gehemmt würde; man benütze daher den hölzernen Bodenspiegel hiezu, indem man daselbst eine Hohlkehle zum Anlegen eines Bundes anbringt. Die Pulverladung zu 400 Grammes wird hier genügen.

Einheitsgeschütz der Festungs- und Belagerungs-Artillerie.

Geschützrohr.

§. 73. Von der Festungs- und Belagerungs-Artillerie wird die Beweglichkeit der Feldartillerie und die Vielseitigkeit im Gebrauche der Geschütze nicht wie dort beansprucht, dagegen eine größere Wirkung, wo weniger das Feuer gegen Truppen als gegen Befestigungswerke in Betracht kommt. Hier ist ein weit tragender, sicherer Kugel- und Granat- (oder Bomben-) Schuß, ein weit tragender, sicherer Granat- und Bombenwurf vom größten Belange. Dadurch ist auch für den Festungskrieg eine Umänderung des bisherigen Systems hervorgerufen, wobei zugleich die leichtere Handhabung der Geschütze, namentlich zur schnelleren Herbeischaffung des Belagerungsparkes im Auge behalten ist. Die Erreichung dieses Zieles kann hier eben so wenig, wie das der Feldartillerie, durch eine große Seelenweite (Monstregeschütze, Armstrongkanonen, Bombenkanonen, oder wie dieselben immer heißen wollen) angestrebt, sondern gleichfalls nur in einer mittleren Seelenweite mit Spitzgeschoßen gefunden werden. —

Erwägt man das höchst günstige Resultat, das zu Vincennes mit der gezogenen alten französischen Broncekanone vom Kaliber des 12 Pfünders erzielt wurde (Seite 32), so genügt sicherlich auch schon dieses Kaliber für das Einheitsgeschütz der Festungs- und

Belagerungs-Artillerie, wobei aus den bereits aufgestellten Grundzügen der Gußstahl als Geschützmaterie und das Konstruktionssystem Whitworth's mit der sechsseitigen Polygonalbohrung in Anwendung gebracht sind, und das Kaliber der Seele, d. h. die Entfernung zweier gegenüberstehender Polygonseiten oder der Durchmesser des im Bohrungssechsecke beschriebenen Kreises 120 Millimetres beträgt.

Bei einer vielleicht bis zu 18 Kaliber verkürzten Seelenlänge gebe man diesem Rohre die dem gußstählernen Feldgeschützrohre analoge Konstruktion mit auf gleicher Weise in den Polygonwinkeln abgerundeten Zügen und dem nemlichen Dralle, sowie den gleichen Spielraum zwischen Seelenwand und Geschoß. Das Gewicht eines solchen Rohres wird dem des Feldzwölfpfünders nahe kommen.

Geschoße.

§. 74. Als Geschoßarten lassen sich ebenso wie bei dem Feldgeschützrohre ein Kammerspitzgeschoß zu ungefähr 16 Kilogrammes Gewicht für den Kugelschuß, ein Hohlspitzgeschoß für den Granat- oder Bombenschuß und für den Granat- und Bombenkartätschenschuß, endlich eine Büchsenkartätsche für den Büchsenkartätschenschuß konstruiren.

Für den Kugelschuß und Bombenschuß könnte eine Tragweite von nahe an 4000 Metres erreicht, und für den Bombenkartätschenschuß der Sprengpunkt bis nahe an 3000 Metres hinausgerückt werden. —

D. Richtvorrichtungen.

Horizontal-Aufsatz.

§. 75. Am Schluße dieser Abhandlungen über Geschützmaterie, Geschützrohr, Geschoße und Pulverladungen angelangt, ist aber noch nicht Alles für die praktische Anwendung gezogener

Geschützrohre abgemacht; es bleibt noch ein höchst wichtiger Punkt, von dem größten Einfluß auf die Wirkung zu erwägen übrig.

Um einen sicheren Kugelschuß zu erlangen ist unbedingt nothwendig, die Derivationen (Ablenkungen) nicht außer Acht zu lassen, welche bekanntlich die Geschoße bei allen gezogenen Feuerwaffen erleiden, und die Trefffähigkeit von der Beachtung derselben abhängig machen. Diese Derivationen finden bei dem in der Regel von der Linken zur Rechten laufenden Dralle der Züge stets nach der letzteren Seite hin statt. (Seite 14). Wie solches an der Cavalli'schen und an der französischen Kanone beachtet ist, wurde bereits erwähnt. (Seite 15 u. 37).

In Ermanglung näherer Kenntnisse über die Größe dieser Derivationen und über deren zunehmendes Verhältniß mit den Entfernungen, seien hier — um sich darüber ein Bild zu verschaffen — diejenigen Derivationen erwähnt, welche aus den Beobachtungen Tamisier's bei den Spitzgeschoßen der französischen Stiftbüchse bekannt sind.

Entfernungen. Metres.	Derivationen rechts. Metres.	Entfernungen. Metres.	Derivationen rechts. Metres.
200	0,109	800	3,476
300	0,328	900	4,886
400	0,536	1000	6,813
500	0,884	1100	8,800
600	1,450	1200	11,610
700	2,258	1300	14,290

Konstruirt man die von 100 zu 100 Metres durch die sich ergebenden Treffpunkte gehende Linie, so ist ersichtlich, daß die Derivationen der Spitzgeschoße nicht mit den Entfernungen im geraden, sondern in einem größeren Verhältnisse wachsen, so daß die unter sich verbundenen Treffpunkte keine gerade, sondern eine immer mehr divergirend zunehmende krumme Linie darstellen. (Fig 35.) Daß dieses Zunahmsverhältniß der Derivationen bei den Geschützen wegen des größeren Bewegungsmoments der Geschoße größer als bei den Handfeuerwaffen ausfällt, beweisen schon die wenigen Anhaltspunkte welche die Versuche mit den Cavalli'schen Geschützen liefern. (Seite 16).

§. 76. Denkt man sich nemlich mehrere Punkte a, a', a" a"'.... in der Verlängerung der Seelenachse, in ein und derselben Visirebene, auf gleicher Entfernung x von einander, und richtet man direkt nach denselben, so wird auf die einfache Entfernung x das Geschoß nicht den Punkt a, sondern um die Größe y rechts seitwärts den Punkt b treffen; es müßte sonach um den Punkt a zu treffen um $ab = ac = y$ links seitwärts gerichtet, d. h. auf den Punkt c gezielt werden. Auf die Entfernung 2x wird das Geschoß um $y' > 2y$ rechts seitwärts von a' den Punkt b' treffen und es müßte um a' zu treffen um $a'b' = a'c' = y'$ links seitwärts gerichtet, d. h. auf den Punkt c' gezielt werden. Auf die Entfernung 3x wird das Geschoß um $y'' > 3y$ rechts seitwärts von a" den Punkt b" treffen, so daß, um a" zu treffen, um $a''b'' = a''c'' = y''$ links seitwärts gerichtet, d. h. auf den Punkt c" gezielt werden müßte. Um auf die Entfernung 4x den Punkt a"' zu treffen müßte demnach, da das Geschoß um $y''' > 4y$ rechts seitwärts von a"' den Punkt b"' treffen würde, um $a'''b''' = a'''c''' = y'''$ links seitwärts gerichtet, d. h. nach c"' gezielt werden u. s. w.

Verbindet man die für jene in gerader Linie liegenden Punkte a, a', a", a"'.... sich links seitwärts nach den verschiedenen Richtungslinien des Rohres ergebenden Zielpunkte miteinander, so bildet sich die krumme Linie c c' c" c"'.... Eine damit congruente krumme Linie b b' b" b"'.... erhält man auf der rechten Seite der unveränderten Richtungslinie p a"' des Rohres durch die Verbindung der erhaltenen Treffpunkte. Während demnach in der ersteren krummen Linie zur Linken die Zielpunkte für die auf der mittleren geraden Linie befindlichen Objekte liegen, fallen in letztere krumme Linie zur Rechten die Treffpunkte für die mittlere Richtungslinie des Rohres. Das Auffinden der Zielpunkte im ersteren Falle für das Maß des Seitwärtsrichtens, wobei die Richtungslinie des Rohres und die Visirlinie in der Vertikalebene der Seelenachse bleiben, ist eine Unmöglichkeit; dagegen bietet sich im andern Falle die Möglichkeit, die Ziel- und Treffpunkte zu vereinigen, beziehungsweise das Ziel selbst in die Derivationscurve zu ziehen, wenn man die Visirlinie rechts seitwärts aus der Vertikalebene der Seelenachse verrückt, und in eine andere Vertikalebene verlegt, welche erstere rückwärts durchschneidet, wie solches bei den gezogenen Handfeuerwaffen durch die Correction am verschiebaren Visirkorne bewerkstelligt wird. Auf diese Weise können z. B. Zielpunkt und Treffpunkt in a''' vereinigt in die Derivationscurve $p\ d\ d'\ a'''$ gebracht werden, wenn man die gerade Linie $p\ a'''$ als Visirlinie nimmt, d. h. direkt nach a''' zielt, und dann die Richtungslinie des Rohres links seitwärts für die der Entfernung entsprechende Derivation y''' in die Linie $p\ c'''$ fallen läßt. Zur Anwendung dieses Verfahrens ist jedoch die Bestimmung eines 3ten Punktes in der Visirlinie erforderlich, durch welchen diese Visirlinie und die Richtungslinie für die verschiedenen Entfernungen in die den Derivationen entsprechende Lage zu einander gebracht werden können, und dem Rohre die bestimmten Richtungen ohne besonderes Aufsuchen dieser letzteren von selbst schon zukommen.

§. 77. Es müssen demnach ebenso, wie an den Cavalli'schen und französischen Rohren, für die neuen gezogenen Rohre die den Entfernungen angemessenen Correctionen der durch die Seelenachse gehenden Visirlinie vorgenommen, und von je 100 zu 100 Metres eigene Visirlinien an der vom Rohre rechts liegenden Seite auf praktischem Wege ermittelt werden, welche zur Konstruktion eines sogenannten Horizontalaufsatzes dienen, wie solches die auf Seite 16 angeführten, von Cavalli mit der 30 Pfünder Bomben-

Kanone erlangten Versuchsresultate zu erkennen geben. Hiezu liegt bei der Gestalt der Geschützrohre (Fig. 36) am nächsten, für die Visirlinien, zwei Punkte, einen (a) am Stoßboden und einen am rechten Schildzapfen b c aufzufinden, indem man von ersterem Punkte aus die Visirlinien über diesen Schildzapfen hinwegzieht und die Tangentialpunkte als die zweiten Visirpunkte bezeichnet. Dabei wird die Konstruktion des Horizontalaufsatzes am richtigsten ausfallen, wenn die sämmtlichen Visirlinien in die durch die Seelenachse gedachte Horizontalebene gelegt werden.

Die Ausführung dieses gebietet, den hinteren Visirpunkt an dem rechtsgelegenen höchsten Punkte a (Fig. 36 u. 37) des Bodenrandes zu fixiren, und die Schildzapfen ganz zu versenken, um die zweiten Visirpunkte auf den in der Horizontalebene der Seelenachse liegenden höchsten Punkten der cylindrischen Mantelfläche des Schildzapfens in den nach den Derivationen ermittelten Entfernungen von einander bestimmen zu können.

§. 78. Hieran lassen sich für die Konstruktion des Geschützrohres noch folgende weitere Betrachtungen knüpfen:

1) Je größer die Entfernung des Schildzapfencentrums vom hintersten Rande des Bodenstückes ist, desto weiter kommen die beiden Visirpunkte aus einander, und desto richtiger kann deren Verlängerung aufgefunden werden. Es müßte demnach **die Lage der Schildzapfen möglichst weit nach vornen gerückt werden**, was eine Vermehrung des Hintergewichts hervorbringen wird.

2) **Die Schildzapfen sind gänzlich zu versenken**, so daß deren oberste Punkte in der durch die Seelenachse gedachten Horizontalebene m, n (Fig. 37) liegen. Es wird hierdurch zwar die Umschwungsbewegung des Rohres um seine Ruheachse vermehrt, jedoch durch das vergrößerte Hintergewicht mehr oder minder wieder paralysirt.

3) Der Pfannendeckel des rechten Schildzapfens hat

wegzufallen, und ist die schwebende Lage des Rohres in der Pfanne auf dieser Seite in anderer Weise zu sichern.

4) Die Anwendung des Horizontalaufsatzes wird für diejenige Entfernung an beginnen müssen, wo sich eine Derivation des Geschoßes zeigt, welche dem Bohrungskaliber gleich ist.

5) Der hintere fixe Visirpunkt für die Horizontalrichtung ist in dem zur Rechten gelegenen Berührungspunkte des durch die Seelenachse gedachten horizontalen Querschnittes mit dem Rande des Stoßbodens durch Anschrauben eines Visirstollens c zu bezeichnen (Fig. 36 u. 37), so daß a den Visireinschnitt bildet.

6) Zur Bestimmung des nach den verschiedenen Derivationen veränderlichen vorderen Visirpunktes ist (Fig. 38) bei horizontaler Lage des Rohres in den versenkten rechten Schildzapfen längs dessen höchsten Punkte a b der cylinderischen Fläche ein senkrecht auf die Seelenachse verschiebbares Visirkorn v schwalbenschweifartig einzuschleifen. Zur Seite der sich dadurch bildenden Nuthe längs des Schildzapfens ist die den Derivationen entsprechende Eintheilung des Horizontal-Aufsatzes durch Linien mit Bezeichnung der Entfernungen des Zieles anzubringen, wohin das Visirkorn zu stellen ist. Wird dieses Korn auch parallel zur Seelenachse in der Richtung c d etwas verschiebbar gemacht, so werden die beiden Visirpunkte, bei vorausgesetztem gleichen Stande der Räder, auch bei allen vorkommenden Elevationen und Depressionen des Rohres gegen höher und niederer liegende Ziele möglichst in eine Ebene gebracht werden können, welche die durch die Mitte des Rohres gelegte Vertikalebene in der Seelenachse senkrecht durchschneidet.

Vertikal-Aufsatz.

§. 79. Für diejenigen Entfernungen, auf welchen noch keine über die Größe des Kalibers reichenden Derivationen eintreten, kann ein am Stoßboden angebrachter fester Aufsatz mit Eintheilung von gewöhnlicher Konstruktion für die noch geringen Elevationen angewendet werden, indem man über denselben und den höchsten Punkt am Kopfe hinwegzielt.

Für die größeren Entfernungen mit ihren größeren Derivationen, auf welche die gezogenen Geschütze ihre Geschoße noch tragen, reicht die Länge des gewöhnlichen Vertikal-Aufsatzes zu den erforderlichen Elevationen des Rohres aber nicht mehr aus. Dafür müßte ein durch den Stoßboden gehender beweglicher längerer Stangenaufsatz vorhanden seyn, welcher auch für die geringeren Entfernungen gebraucht werden kann. Uebrigens wird dieser Stangenaufsatz selbst für größere Elevationen nur in dem seltenen Falle von Nutzen sein, wenn die Verhältnisse so günstig sind, daß sich bei dem nach vollzogener Horizontalrichtung links seitwärts vom Ziele abweichenden Geschützrohre für die Bestimmung der Aufsatzhöhe ein Zielpunkt auffinden läßt, welcher mit dem eigentlichen Ziele in gleicher Entfernung und auf gleichem Horizonte steht. In allen übrigen Fällen wird für die Vertikalrichtungen des Rohres der Geschützquadrant in Gebrauch bleiben müssen.

Zuerst die Vertikalrichtung dadurch vornehmen, daß man das Rohr nach dem Ziele richtet, demselben die Höhenrichtung gibt und dann das ganze Geschütz mit dem Protzstocke zur Vornahme der Horizontalrichtung rechts seitwärts hebt, ist nicht rathsam, da der Standpunkt des Geschützes (wenn dasselbe nicht auf einer Bettung steht) nie so vollständig horizontal sein wird, daß bei der Seitwärtswendung der Stand der Räder und des Protzstockes unverändert bliebe. Es könnte dieses nur dann stattfinden, wenn an Rohr und Laffete eine mechanische Einrichtung bestünde, welche das Drehen des ersteren für sich in der Horizontalebene zuließe, ohne den Stand der letzteren verändern zu müssen, wozu es übrigens zur Erzielung der möglichsten Genauigkeit auch wahrscheinlich noch kommen muß. —

§. 80. Zum Richten eines gezogenen Geschützes ist demnach

nicht allein für die Vertikalrichtung, sondern auch für die Horizontalrichtung das Schätzen der Entfernung des Zieles erstes Erforderniß. Dasselbe ist zwar bei den gegen früher bis auf das Dreifache anwachsenden Entfernungen viel schwieriger und unverläßiger geworden; allein es bleibt anderseits wieder, so weit vom Feinde entfernt, bei der Einnahme von Positionen mehr Muße zu diesem wichtigen Geschäfte, und kann sich sogar Gelegenheit bieten, sich ungestört des Distanzmessers oder schneller, praktischer mathematischer Mittel zu bedienen.

Ist die Entfernung ermittelt, wird der Schieber des Horizontal-Aufsatzes mit seiner Spitze an den für diese Entfernung der Derivation entsprechenden Theilstrich gestellt und die Horizontalrichtung vorgenommen, indem man das Rohr mit seinem Kopfe so weit links seitwärts richtet, bis das Ziel in die Verlängerung der vom hinteren, am Stoßbodenrande befindlichen Visirstöckchen aus über den Schieber des Horizontal-Aufsatzes gezogenen Visirlinie gebracht ist. Hierauf wird dem Rohre die Vertikalrichtung gegeben. Für den Büchsenkartätschenschuß, dessen Anwendung jedenfalls innerhalb der Schußweiten liegt, bis zu welchen die Derivationen auf die Trefffähigkeit erst einzuwirken beginnen, und in diesen kürzeren Entfernungen ein rascheres Richten bedingt ist, fällt auch der Gebrauch des Horizontal-Aufsatzes weg, und kann Seiten- und Höhenrichtung mittelst des gewöhnlichen festen Vertikal-Aufsatzes allein gegeben werden.

§. 81. Bekanntlich hat man an den sphärischen Geschoßen deren Excentricität zur Erzielung eines richtigeren Schußes und Wurfes, durch das Polen dieser Geschoße, mit Erfolg zu benützen gelernt. Es ist nicht unwahrscheinlich, daß auch bei den Spitzgeschoßen mittelst einer Excentricität derselben die Richtigkeit des Schußes durch eine Verminderung der Derivationen gewinnen dürfte. Macht man nemlich für die hohlen Spitzgeschoße, als Granatgeschoß angewendet, ihre Aushöhlung in der Art excentrisch, daß die Wandstärke bei dem am Stoßboden der Seele aufsitzenden Geschoße gegen die rechte Seelenwand größer als gegen die linke ist, sohin der Geschoßschwerpunkt absichtlich zur Rechten außerhalb der Geschoßlängenachse gelegt wird, so ist anzunehmen, daß bei einem von der Linken zur Rechten gehenden Dralle der Züge, wenn ein solches Geschoß das Rohr verläßt und während seiner freien Spiralbewegung einer Derivation nach der rechten Seite überlassen ist, durch eine dabei in entgegengesetzter Richtung eintretende größere Umschwungsbewegung der Seite des Schwerpunktes um die Längenachse, eine Verminderung jener Derivation erzielt werden möchte. Für das Granatkartätschengeschoß müßte dagegen eine Verminderung der Wandstärke auf der rechten Seite stattfinden, um die gedachte Excentricität, beziehungsweise den Schwerpunkt des fertigen Geschoßes durch das dahin kommende Uebergewicht der Bleikugelfüllung nach dieser Seite zu verlegen. —

E. Schlußbetrachtungen.

§. 82. Wirft man einen Blick auf das Endresultat der in gegenwärtiger Schrift gemachten Forschungen, so stellt sich

1) **Gußstahl** als die allein für gezogene Geschützrohre **brauchbare Materie**, und
2) das **Konstruktionsprinzip Whitworth's** als das **anwendbarste System** dar,

um gezogene Geschütze herzustellen, welche das **Laden von der Mündung aus und den Gebrauch aller Schußarten** zulassen. —

Der Verfasser konnte hierzu nur Andeutungen liefern, und ist weit entfernt zu glauben, daß diese allein schon zum Ziele führen. Sein Bestreben ist nur, zur gegenwärtigen wichtigsten Studie der Artillerie anzuregen. Die Wissenschaft und Technik sind gedrängt, auf eine rationelle Weise die Umänderung des Geschützwesens, sowohl in Beziehung auf Konstruktion als auf Materie zu erzielen. Man eile über erstere in's Reine zu kommen und gehe dann rasch vor, um die Uebergangsperiode möglichst schnell durchzumachen; über letztere kann kein Zweifel mehr bestehen. Die großartige Ausdehnung der Krupp'schen Gußstahlfabrik mit 164 Schmelz-, Glühe- und Cementiröfen, 12 Dampfmaschinen mit 4 bis 200 Pferdekräften, 7 Dampfhämmern von 7 bis 150 Zentnern, 2 Aufwerfhämmern zu 10 bis 20 Zentnern, 1 Schwanzhammer zu 1½ Zentner, 10 Bohrmaschinen, 57 Drehbänken, 18 Hobelmaschinen 2c. 2c. bei gleichzeitiger Beschäftigung von 1000 Arbeitern, wodurch sich die jährliche Erzeugungsfähigkeit schon auf 7,000,000 Pfund Gußstahl steigerte, bürgt auch dafür, daß aus derselben vorläufig schon alle Stahlblöcke ohne Anstand in der Größe bezogen werden können, wie sie die Geschützkörper erfordern, um sie von der Artillerie selbst in ihren Werkstätten zu bohren, zu ziehen und vollständig auszuarbeiten.

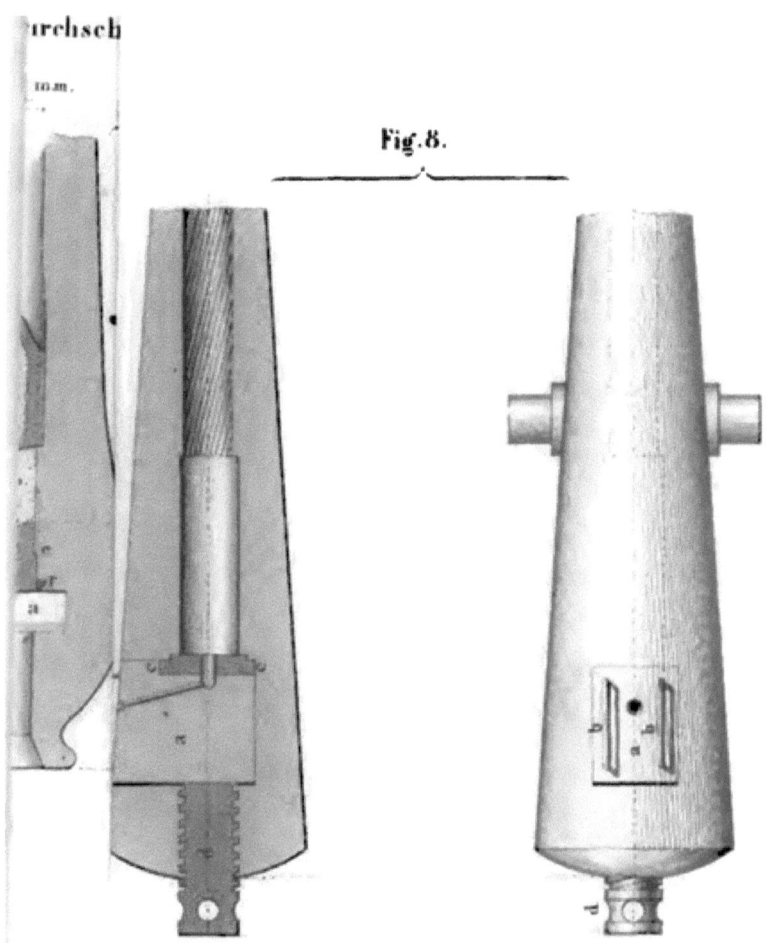

Fig. 8.

Fig. 9.

Nachträge

zur Schrift:

„Die gezogene Kanone".

Von

Joseph Schmoelzl,

königl. baner. Artillerie-Oberstlieutenant, Offizier und Ritter mehrerer Orden, Inhaber mehrerer großen goldenen Medaillen für Wissenschaft und Kunst.

Mit einer Steintafel.

München 1860.
Literarisch-artistische Anstalt
der J. G. Cotta'schen Buchhandlung.

Nachträge

zur Schrift:

„Die gezogene Kanone".

Von

Joseph Schmoelzl,

königl. bayer. Artillerie-Oberstlieutenant, Offizier und Ritter mehrerer Orden,
Inhaber mehrerer großen goldenen Medaillen für Wissenschaft und Kunst.

Mit einer Steintafel.

München 1860.
Literarisch-artistische Anstalt
der J. G. Cotta'schen Buchhandlung.

Vorwort.

Schon einige Wochen nach dem Erscheinen der Schrift: "Die gezogene Kanone" entstand, durch eine erfreuliche rasche Abnahme derselben, zur Befriedigung der allseitig eingelaufenen Bestellungen die Nothwendigkeit, einen zweiten unveränderten Abdruck durch einen frischen Satz des Werkes zu veranstalten.

Ehe dieser zu Stande kam, haben sich bei dem in seiner rasch fortschreitenden Entwicklung begriffenen Gegenstande in wissenschaftlicher und technischer Beziehung schon wieder Ergänzungen ergeben, welche zur Berichtigung und fernern Beurtheilung des bereits Vorliegenden für ein praktisches Vorgehen nicht ohne Beachtung sind.

Dieses möge das Erscheinen der in nachfolgenden Blättern enthaltenen "Nachträge" rechtfertigen.

München im Februar 1860.

Der Verfasser.

Inhalt.

Nachträge zum ersten Abschnitte.
Literatur und Geschichte der gezogenen Kanonen.

	Seite
System Reichenbach'	7
„ Cavalli	8
„ Wahrendorff	8
Französisches System	9
System San-Roberto	11
Erfahrungen aus dem Kriege in Italien 1859	13
Nachrichten über die Fortschritte anderer Artillerien	14

Nachträge zum zweiten Abschnitte.
Aufgabe der gegenwärtigen Artillerie.

Geschützmaterie	16
Grundzüge der Konstruktion	17
System Whitworth	18
Geschosse	22
Schlußbetrachtungen	22

Nachträge zum ersten Abschnitte.
Literatur und Geschichte der gezogenen Kanonen.

System Reichenbach.

Seite 6.

Hier ist der Irrthum zu berichtigen, daß nicht der Oberstlieutenant Christoph von Reichenbach (Vater), sondern der Hauptmann Georg von Reichenbach (Sohn) — jener berühmte hochgelehrte Techniker, dessen Name in den Annalen Deutschlands, Frankreichs, Englands, Rußlands und Spaniens mit Stolz genannt ist — es war, welchem die angeführte erste Idee, Spitzgeschoße aus gezogenen Kanonen zu schießen, zuzuschreiben ist. — Christoph von Reichenbach starb 1821 als Oberstlieutenant und Kommandant der Ouvrier-Kompagnie; Georg von Reichenbach trat 1809 als Hauptmann in derselben Kompagnie in bayerische Civildienste über und starb im Jahre 1826 als General-Direktor des Straßen- und Wasserbaues und der Salinen.*)

Seite 9.

Zunächst gebührt daher Reichenbach insbesondere die Priorität, das Princip der Geschoß-Expansion zuerst auf die Spitzgeschoße für gezogene Geschütze angewendet zu haben, ehe noch dasselbe für die Handfeuerwaffen bekannt gewesen ist, indem Delvigne erst im Jahre 1840, und Minié nach ihm bewiesen, daß eine rückwärtige Aushöhlung in den bleiernen Spitzgeschoßen der Hand-

---

*) Diese Berichtigung hat bereits beim zweiten Abdrucke des Werkes Platz gegriffen.

feuerwaffen sehr vortheilhaft auf das Forcement des Geschoßes einwirke.

System Cavalli.
Seite 17.

Zur Beurtheilung des dem Principe der Kammerladung angehörenden Systems Cavalli darf jedoch das in einem Aufsatze über die gezogenen Kanonen von der piemontesischen Artillerie in der Revista militare aus Turin, welche Zeitschrift im Dezember 1859 wieder zum erstenmale erschien, ausgesprochene Urtheil nicht übersehen werden, zufolge dessen nach den im verflossenen Feldzuge gemachten Erfahrungen das Laden der Geschütze von rückwärts mit so vielen Umständlichkeiten verknüpft sei, daß es im Gefechte unpraktisch werde. —

System Wahrendorff.
Seite 18.

Am Schluße des § 14 ist anzufügen: Später ließ Wahrendorff den Bleimantel weg, und gab seinem gußeisernen Hohlgeschoße nur 3 Bleiringe ab (Fig. 1), welche schwalbenschweifartig in die Geschoßoberfläche eingepreßt sind.

Seite 20.

Zur Beurtheilung des Wahrendorff'schen Systems liefert Nachstehendes einen sehr wesentlichen Beitrag. In dem Jahresberichte von 1859 der schwedischen Akademie der Kriegswissenschaften erwähnt der Berichterstatter über die Fortschritte in der Artillerie, daß bei den in Norwegen mit Engström's und Wahrendorff's Systemen*) angestellten vergleichenden Versuchen dem Engström'-

---

*) Ersteres System der Kammerladung des schwedischen Lieutenants Engström ist noch zu wenig bekannt, als daß es dem Verfasser gegönnt wäre, jetzt schon eine Beschreibung desselben geben zu können. Nach dem was hierüber vorliegt, scheint der Stoßboden mittelst Verschlußbändern gehalten zu sein, und dem Geschoße die Führung mittelst angebrachter hölzerner Flügeln (Ansätze) gegeben zu werden.

schen, was Sicherheit und Leichtigkeit der Bedienung betrifft, der Vorzug gegeben werde. Man fand dort die Holzflügel als die besten Führer für die Geschosse durch die Züge; sie hielten schwache Ladungen aus, und man glaubte, daß sie bei weniger starkem Dralle auch größere Ladungen vertragen würden.

Bei den belgischen Versuchen i. J. 1857 mit Wahrendorff'schen Kanonen habe sich Folgendes gezeigt: Der Keil (Querchlinder) zum Festhalten des Stoßbodens war zu schwach; die Arme an dem letzteren wurden durch ein einziges Stück ersetzt, die Handhabe verstärkt, weil der Kammerverschluß nicht genügte. Das Ausziehen und Wiedereinsetzen des Keiles ging anfangs allerdings leicht; doch bald mußte zum Gebrauche des Hebels gegriffen werden. Nach dem 199. Schusse konnte der Keil gar nicht mehr ausgezogen werden, ohne daß man den ganzen Mechanismus auseinander nahm, wobei dann mehrere Mängel entdeckt wurden. Schließlich wurde dieses sonst sehr sinnreiche System als für den Kriegsgebrauch **untauglich** anerkannt.

Seite 27.

Am Schlusse des §. 25: Bei den anderseits den Systemen der Ladung von der Mündung aus zukommenden Vorzügen ist dagegen nicht zu übersehen, daß dem Geschosse das zu einer gesteigerten Wirkung erforderliche Forcement mangelt, welches bei Umgehung des Kammerladungsprincips nur durch Expansion oder Kompression erreicht werden kann.

Französisches System.

Seite 38.

Die Revista militare vom Ende 1859 macht dagegen über die an den gezogenen Broncekanonen der französischen Feldartillerie wahrgenommenen Abmessungen folgende Angaben:

Die französische 4 Pfünder gezogene Kanone war 1,4 Metres lang, hatte eine Metallstärke am Boden von 0,0692, an der Mündung von 0,0317 Metre und wog 325—330 Kilogrammes. Die Seele hatte 6 Züge, das Geschoß 12 Vorsprünge (Ansätze)*) von 3,6 Millimetres Höhe und 16,5 Millimetres Durchmesser; die Pulverladung hatte ein Gewicht von 550 Grammes, die Patrone eine Länge von 150 Millimetres, die Sprengladung ein Gewicht von 200 Grammes und das vollständig laborirte Hohlgeschoß ein solches von 3,9 Kilogrammes, wornach sich ein Ladungsverhältniß von $^1/_7$ Geschoßschwere entziffert.

Seite 39.

Von den dem Kammerladungsprincipe Huldigenden wird nach einem Urtheile aus Preußen**) dem französischen Systeme der Vorwurf gemacht, daß das mit Ansätzen versehene Geschoß nur mühsam von vornen in das mit furchenartigen Windungen gezogene Rohr hineingedreht werden könne, und die Erfahrungen des letzten Krieges gelehrt hätten, daß schon nach 5 bis 6 schnell hintereinander abgefeuerten Schüssen ein ferneres Laden der französischen Geschütze nicht möglich gewesen sei, weil die glühende Hitze (?) des Rohres das anfängliche Einsetzen des Geschoßes in die Mündung mittelst der Hände verhindert hätte. — Wäre dieses jedoch wirklich der Fall gewesen, so hätten offenbar die Franzosen mit ihren gezogenen Kanonen auf dem Kriegstheater in Italien gar nicht auftreten können, und der Kaiser Napoleon hätte sich sicherlich gehütet, nach diesem Kriege zur Umwandlung seines ganzen Feldartillerie-Materials (es wurden zu den bestehenden 17 Feldartillerie-Regimentern noch 3 neue errichtet), wie Berichte um die Mitte Februars l. Js. aus Paris ersehen lassen, zu schreiten. Werden, um einer starken Verschleimung der Seele, beziehungsweise einer dem Einbringen der Ladung von vornen schädlichen Verringerung des Spielraumes vorzubeugen, die Rohre öfters ausgewaschen, wie solches von der französischen Artillerie beobachtet wurde, so kann ein mit den Händen ohne Gefahr ganz in die Mün-

---

*) Hiernach scheinen auch noch Geschoße der früher versuchten Konstruktion bei der Ausrüstung verwendet worden zu sein.
**) Allgem. Militär-Zeitung v. 11. Febr. 1860, Berlin im Januar.

rung geschobenes Geschoß ohne Anstand vollends mittelst des Setzers geladen werden, indem es mit seinen Ansätzen dem Dralle der Züge folgt. Das Kammerladungsprincip hat auch bei Anwendung von Geschoßen zu 5—6 Kilogrammes keinen praktischen Werth für Feldgeschütze.

System San-Roberto.
Seite 42.

Den vorausgehend beschriebenen Konstruktions-Systemen ist hier das erst in neuester Zeit in der deutschen Militär-Literatur näher bekannt gewordene anzureihen.

In der Absicht, der Flugbahn der Geschoße mittelst einer stärkeren Pulverladung als sie bei den in gewöhnlicher Art gezogenen Rohren gegeben wird, eine mehr gestrecktere Form zu verschaffen, schlug im Jahre 1857 der sardinische Artillerie-Oberstlieutenant Graf Paolo di San-Roberto ein Geschoß von breiter und abgeplatteter Gestalt vor, nach Art einer Linse (Fig. 2), dessen kleine Achse senkrecht auf der vertikalen Richtungsebene des Rohres steht und um diese Achse ihre Umdrehungsbewegung erhält.

Der Konstrukteur hat dabei im Auge, daß die seitwärts abgeplattete Form des Geschoßes geeignet ist, die Luft leicht zu durchschneiden; daß die Umdrehungsbewegung um die kleine Achse, der das größte Trägheitsmoment entspricht, die Stabilität derselben sichert; daß der senkrechte Stand der Umdrehungsachse gegen die vertikale Richtungsebene vor Seitenabweichungen schützt; daß endlich, wenn die Umdrehungsbewegung so erfolgt, daß die vordere Seite des Geschoßes sich von unten nach oben bewegt, die Richtung der Umdrehung einen größeren Luftdruck gegen den unteren Geschoßtheil als gegen den oberen bewirkt, (in Fig. 2 stellt der gerade Pfeil die Richtung der fortschreitenden Bewegung, der gekrümmte diejenige der Umdrehungsbewegung dar) und dadurch ein Erheben des Geschoßes, sofort eine Vergrößerung der Wurfweite hervorbringt.

San-Roberto zieht dabei für den Meridianburchschnitt des Geschoßes die Figur einer halben Ellipse derjenigen eines gleichschenkligen Dreieckes und eines Ogivals vor, und gibt an, daß der Luftwiderstand gegen ein Ellipsoid, wobei die beiden Achsen in dem Verhältnisse wie 4:1 stehen, sich zu demjenigen gegen eine Kugel von gleichem Gewichte wie 0,30238 : 1 verhalte.

Für ein solches Geschoß, das die obigen Bedingungen erfüllen soll, ist nothwendig, daß auch der Querdurchschnitt der Seele des Rohres von derselben, dem Querschnitte des Geschoßes entsprechenden Gestalt ist. Bei einer derartig gerade gezogenen Seele würde jedoch eine Umdrehungsbewegung des Geschoßes nicht erzeugt werden. Daher ist das Rohr krummlinig und ohne Spiral gezogen, wobei die hohle Seite der Krümmung nach unten gerichtet ist. (Fig. 3.)

Bei dieser Konstruktion strebt das Geschoß in Folge der Trägheit an jedem Punkte seines größten Umfanges in dem nächstfolgenden Zeittheilchen die Tangente zu durchlaufen. Nachdem aber der Widerstand der krummen Seelenwand es zwingt, immer dem nächsten sich darbietenden Flächenelemente zu folgen, so wird normal gegen die obere krumme Fläche ein Druck erzeugt, welcher bekanntlich mit dem Begriffe einer Centrifugalkraft zusammenfällt.

Bei einer erlangten großen Geschwindigkeit des Geschoßes genügt schon eine geringe Krümmung der Seele um ihm eine erhebliche Winkelgeschwindigkeit der Umdrehung mitzutheilen. Ist die Seele in einem Kreisbogen gekrümmt, so würde für eine 6 Pfünder Kanone der Krümmungshalbmesser mindestens 7 Metres betragen müssen, um mehr als 100 Umdrehungen des Geschoßes in der Sekunde zu erhalten. Bei einer Seelenlänge des Rohres von 1600 Millimetres wird die nach oben gerichtete Geschwindigkeit des Schwerpunktes 613 Millimetres betragen, welche als Maaß der fortschreitenden Bewegung, die durch die Wirkung der Centrifugalkraft des Geschoßes mitgetheilt wird, dient. Hiebei sind die beiden Geschoßachsen zu 148,5 und 37,1 Millimetres, der Spielraum in horizontaler und vertikaler Richtung zu 2 Millimetres, das Gewicht des linsenförmigen Geschoßes zu 3 Kilogrammes und die Pulverladung zu 1 Kilogramme angenommen.

Dieses auf das Prinzip der Centrifugalkraft sich gründende

Konstruktionssystem hat den Vortheil, daß es nur allmählig die Umdrehungsbewegung des Geschoßes hervorbringt, das Geschoß den geringsten Luftwiderstand erleidet, die größte Stabilität der Umdrehung besitzt, und sich eine außerordentliche Tragweite in Verbindung mit einer gesteigerten Trefffähigkeit erwarten läßt. Es stehen dem Systeme jedoch große Schwierigkeiten in der Fabrikation, dem Laden und Reinigen des Rohres von der Mündung aus entgegen, es schließt bei dem im Innern des Geschoßes nur bietenden geringen Raume den Gebrauch von Hohlgeschoßen, namentlich der Granatkartätschen und denjenigen der Büchsenkartätschen gänzlich aus.

Erfahrungen aus dem Kriege in Italien 1859 über die Wirkung der gezogenen Kanonen.

Seite 46.

Am Ende des §. 42: Nach Angabe in der piemontesischen Revista militare, welche Zeitschrift erst Ende Dezember 1859 wieder zum erstenmale nach dem Feldzuge erschien, zeigte sich bei Magenta die Wirkung der gezogenen Geschütze besonders durch Erschütterung der österreichischen zweiten Linie und der Reserve. Auch fand hier die Verfolgung des Feindes nicht wie sonst durch Kavalerie, sondern eben auch durch diese leichten und weittragenden Geschütze statt. Letzteres gereichte bei dem bekanntlich in Oberitalien für die Anwendung von Kavalerie höchst hinderlich durchschnittenen Boden den Franzosen zum großen Vortheile; ein Punkt von wesentlichem Einflusse auf das Taktische.

Aus derselben Zeitschrift erfährt man auch, daß in dem letzten Kriege 5 französische Armeekorps mit 4 Pfünder, beziehungsweise 12 Pfünder gezogenen Kanonen ausgerüstet waren. Uebereinstimmend mit obiger Angabe von piemontesischer Seite hört man aus den Erfahrungen der Franzosen das Urtheil, daß ihre gezogenen Geschütze hauptsächlich auf den weiteren Entfernungen ihre Ueberlegenheit zeigten, wo sie die feindliche Reserve beunruhigten, falls diese für sich nicht eine Terrainfalte oder sonst eine Deckung fand.

Nachrichten über die Fortschritte anderer Artillerien.

Seite 52.

Bei Preußen ist hinzuzufügen: Aus einem Berichte in der allgemeinen Militär-Zeitung vom 11. Februar (1860) von Berlin erfährt man mit Bestimmtheit, daß die preußischen gezogenen Kanonen Kammerladungsgeschütze sind, indem darin hervorgehoben wird, daß der preußische Artillerist vermöge einer leicht zu handhabenden Vorrichtung das Geschoß von hinten einsetzt. Mit Anfang des laufenden Jahres (1860) sollen schon bei der demnächst erfolgenden Uebergabe der gezogenen Geschütze an die für die Bewaffnung mit denselben bestimmten Batterien, nach einer neueren Verordnung von je immer 3 Artillerie-Regimentern für jedes 20—24 Unteroffiziere nach Berlin beordert werden, um von einer hiezu besonders eingesetzten Artillerie-Kommission zu künftigen Instruktoren in der Bedienung dieser Geschütze ausgebildet zu werden. Auch der Belagerungspark der preußischen Artillerie wird einer durchgreifenden Reorganisation unterworfen und soll derselbe, mit Ausschluß der Mörser, vorzugsweise nur mit gezogenen Geschützen ausgerüstet werden. Gegenwärtig sind die Einrichtungen soweit vorgeschritten, daß an jedem Tage durchschnittlich ein Geschützrohr fertig hergestellt werden kann. Die drei bedeutendsten Maschinenfabriken von Wöhlert, Freund und Schwarzkopf zu Berlin sind ausschließlich mit dem Bohren der Gußstahlgeschützrohre beschäftigt. Hiernach soll die Bewaffnung von 3 Fußbatterien eines jeden Artillerie-Regiments bis zum 1. Mai d. Js. ins Leben treten können.

Seite 53.

Zu Oesterreich: Mit dem Schmieden eines Theiles der Gußstahlgeschützrohre hat die österreichische Regierung die Gußstahlfabrik des Otto Grubitz zu Karlswerk bei Neustadt-Eberswalde in Preußen betraut, und läßt die Fertigstellung in ihren eigenen Artilleriewerkstätten vornehmen. Am 30. Januar l. J. (1860) wird der „Opinione" (zu Turin) aus Venedig geschrieben, daß schon

250 gezogene Kanonen über Triest anlangten, welche für die Armirung der Seeküstenbefestigungen bestimmt sind.

Die württembergische Artillerie ist mit ihren Versuchen aus gezogenen Kanonen bei Gmünd beschäftigt, wozu vor Kurzem gleichfalls aus der Gußstahlfabrik des Otto Grubitz zu Karlswerk der Körper eines stählernen 6 Pfünder Rohres, das von der Mündung aus zu laden ist, geliefert wurde.

Die sardinische Feldartillerie wird nach der Gazzetta militare auf 30 Batterien gebracht, wovon 6 bis 8 Batterien mit gezogenen Kanonen bewaffnet werden sollen.

Aus Pera wird unterm 18. Januar l. J. (1860) berichtet, daß sogar in der türkischen Armee die baldige Einführung gezogener Kanonen bevorstehe; ein Paar dergleichen Geschütze, die man aus Schweden hat kommen lassen, stünden bereits in dem Hofe der Geschützgießerei in Tophane.

Nachträge zum zweiten Abschnitte.
Aufgabe der gegenwärtigen Artillerie.

Geschützmaterie.
Seite 60.

Ist Zeile 2 von oben einzuschalten: Die von dem bayerischen Artillerie-Obersten Weber, Vorstand der Geschützgießerei in Augsburg i. J. 1855 angestellten Cohäsionsversuche mit aus der Krupp'schen Fabrik hervorgegangenen Sorten aus gehämmerten, schweißbarem Geschützgußstahle lieferten nachstehendes günstiges Resultat an absoluter Festigkeit eines rheinischen (bayer. Artillerie-) Quadratzolles zu 676 Quadrat-Millimetres bis zum Zerreißen*)

    Sorte mit 1 Krone . . . . . 60,209 Kilogrammes.
    „   „ 2 „ 61,820   „
    „   „ 3 „ 65,639   „

Außer der Gußstahlfabrik des Friedrich Krupp hat sich in der neuesten Zeit auch die schon oben erwähnte Gußstahlfabrik des Otto Grubitz in Karlswerk bei Neustadt-Eberswalde durch den Guß von stählernen Geschützrohren hervorgethan. Die von dieser Fabrik gelieferten Sorten Gußstahl gaben mit den von Geschützrohren herabgeschmiedeten Schienen nach den Untersuchungen des österreichischen Artillerie-Hauptmanns Uchatius, unter denselben Verhältnissen wie oben, nachstehendes Resultat auf Cohäsionskraft:

    Weicher Stahl 61,555 Kilogrammes.
    Harter   „   101,427   „

---

*) Dingler's polyt. Journal, 135 Bd. 1855, S. 410.

Die Festigkeit des nach der Methode Uchatius erzeugten Gußstahls wird von demselben selbst wie folgt angegeben.

Weicher Stahl . . . . 56,000 Kilogr.
Härtester „ . . . . 78,400 „

Am Schlusse des §. 50 ist anzufügen: Dagegen hat Krupp den größten Theil der für die preußische Regierung zu liefernden Geschützrohre erhalten, und in neuester Zeit für die englische Regierung die Lieferung von 500 dergleichen Rohren übernommen.

Seite 61.

Ist Zeile 13 v. u. bei der von Weber angegebenen Cohäsionskraft des Krupp'schen ausgehämmerten Geschützgußstahles obiger 3 Sorten auf 1 rhein. Quadratzoll statt 39,012 zu setzen 62,556 Kilogrammes im Mittel.

Am Ende des § 51 ist hinzuzufügen: Nach einer Berechnung des Dr. Briegleb (in Dingler's polyt. Journal, 1 Heft 1860) soll ein Rohr aus Aluminiumbronce nur ¹/₇ mal theurer als das gleiche Rohr aus Zinnbronce sein.

Grundzüge der Konstruktion.
Seite 62.

Der hier stehenden Anmerkung ist Nachstehendes anzufügen:

Hierauf mag dasjenige Bezug haben, was aus dem Jahresberichte v. 1859 der schwedischen Akademie der Kriegswissenschaften zu entnehmen ist, indem bei dem Berichte über die Fortschritte der Artillerie näher in die Versuche eingegangen wird, welche zu Vincennes mit den Kammerladungskanonen des schwedischen Lieutenants Engström wiederholt angestellt wurden. Hiezu kamen zweierlei Konstruktionen des Stoßbodens in Anwendung, nemlich Kanonen mit Stoßböden aus Gußstahl und mit solchen aus Schmiedeeisen. Im Allgemeinen fand man, daß das System Engström bis jetzt den besten Kammerverschluß gebe, jedoch seinen Zweck noch immer nicht ganz erfülle, weil die Schlußbänder und damit das Geschütz bald unbrauchbar werden. Der neueste Vorschlag besteht nun

**

darin, jedem Geschütze eine Anzahl Reserve-Schlußbänder zu geben. Die schwere Laffete zeigt sich als nothwendig, um der großen Friktion (wahrscheinlich des Geschoßes an der Seelenwand) widerstehen zu können.

System Whitworth.
Seite 69.

Bei dem Systeme Whitworth ist Nachstehendes zu ändern und beizufügen: Die Länge des Geschoßes beträgt 37 Millimetres, dessen Gewicht 33,35 Grammes. Die Windung der Kanten des Geschoßes auf ihre Länge von 21 Millimetres beträgt $1/_{21}$ des Umfanges.

An der Geschoßbasis ist eine kleine parabolische Expansions-Aushöhlung angebracht, welche 8,75 Millimetres Durchmesser und 5,4 Millimetres Tiefe hat.

Nicht ohne Interesse ist, hier als Anmerkung anzuführen, daß Moriz Mayer in seiner Feuerwaffen-Technik schon aus dem Jahre 1532 von Vogelflinten spricht, welche eine sechseckige Bohrung besaßen. —

Seite 71.

Bei den Eigenschaften dieses Systems ist Nachstehendes noch zu erwähnen:

Der starke Drall steigert den Widerstand des Geschoßes in dem Rohre so bedeutend, daß eine vollständige Verbrennung der Pulverladung und die höchste Spannung auch bei kürzeren Rohren erzeugt werden kann, ohne daß bei dem sechsseitigen Querschnitte und der Festigkeit der Geschoßmaterie ein sogenanntes Verwerfen des Geschoßes im Rohre möglich erscheint.

Seite 72.

Am Schlusse des §. 60 ist anzuführen: Eine thatsächliche Bestätigung der Anwendbarkeit des Systems Whitworth auf Geschützrohre findet man in einem aus der Times (London 24. Febr. 1860) in deutsche Blätter, besonders in Beziehung auf Tragweite, übergegangenen und verbreiteten Auszug, in dem es heißt: Die Schleß-

Übungen mit der neuerfundenen **Whitworthkanone** sind nun auf dem besandeten Strande bei **Southport** fortgesetzt worden und haben, einer längeren Schilderung der Times zufolge, ganz außerordentliche Ergebnisse geliefert. Bei einer Erhebung von 35 Grad erreichte ein **Dreipfünder**, mit einer Ladung von 8 Unzen (226,8 Grammes) Schießpulver, eine Schußweite von 28,647 Fuß (8732 Metres), wobei freilich — es wehte ein starker Wind — das Spitzgeschoß 171 Fuß (52 Metres) rechts vom Ziele niederfiel. Bei kleineren Entfernungen von 18,000 bis 20,000 Fuß (5000 bis 6000 Metres) trafen die Schüsse schon viel genauer. Mit einem 80 Pfünder derselben Konstruktion hofft man einen guten Schuß auf 30,000 Fuß (9144 Metres) Entfernung thun zu können. Bis jetzt hat von den Armstrong'schen Geschützen keines auf so ungeheure Entfernung getragen*).

Dieser Notiz folgten nachstehende Details**): Die 12 Pfünder Kanone dieses Systems hat 6 Fuß (1829 Millimetres) Länge und ein Bohrungskaliber von 3 Zoll (76,2 Millimetres), die 3 Pfünder Kanone 5 Fuß 2 Zoll (1575 Millimetres) Länge und ein Bohrungskaliber von 1½ Zoll (38,1 Millimetres). Außerdem wurde auch eine 80 Pfünder Kanone zu den Versuchen beigezogen.

Bei den Versuchen aus der 12 Pfünder Kanone mit 7½ Unzen (213 Grammes) Ladung erhielt man nachstehendes Resultat:

Nr. des Schusses.	Elevation, Grad.	Tragweite.		Abweichung von der Scheibe links.	
		Fuß.	Metres	Fuß.	Metres
1ter	15	12,513	3814	18	5,48
2ter	15	12,537	3821	12	3,65
3ter	15	12,672	3862	15	4,57
4ter	15	12,366	3768	6	1,83
5ter	20	20,280	6181	15	4,57
6ter	20	20,352	6203	36	10,95
7ter	20	20,160	6144	48	14,60
8ter	20	20,730	6315	6	1,83

*) N. Münchener Ztg. vom 25. Febr. 1860, S. 219.
**) Nach dem Hamburger Korrespondenten.

Diese Abweichungen zur Linken waren gegen die gewöhnliche Regel in Beziehung der Konstruktion dieses Geschützes und hatten vermuthlich in Folge des vom Meere her ziemlich stark wehenden Windes statt. Die Richtung des Rohres wurde daher bei dem 8ten Schusse mehr nach rechts gedreht, und zwar mit dem besten Erfolge, indem das Geschoß in einer Entfernung von 20,730 Fuß (6315 Metres) nur 6 Fuß (1,83 Metres) abwich. Der Unterschied zwischen der größten und kleinsten Schußweite betrug bei 15 Grad 94, bei 20 Grad 171 Metres.

Bei dem fortgesetzten Versuche, wozu man die Ladung um ¹/₂ Unze, also auf 8 Unzen (226,8 Grammes) Pulver und die Elevation von 20 auf 35 Grad vermehrte, war das Resultat wie folgt:

Nr. des Schusses.	Tragweite.		Abweichung von der Scheibe links.	
	Fuß.	Metres.	Fuß.	Metres.
1ter	26,910	8202	66	20,12
2ter	26,790	8165	30	9,15
3ter	27,177	8283	30	9,15
4ter	27,492	8379	66	20,12

Alsdann wurde ein Versuch aus dem 80 Pfünder, dessen Geschoß 90 Pfund (40,82 Kilogr.) wog, bei Anwendung von 12 Pfund (5,44 Kilogr. oder ¹/₇ geschoßschwerer) Ladung gemacht. Bei nur 5 Grad Elevation wurde beim 1ten Schusse das Geschoß mit einem gewaltigen Durchsausen der Luft auf 7650 Fuß (2332 Metres) getragen, von wo aus es fast im rechten Winkel rikoschettirte und in das Meer in fast unabsehbarer Entfernung flog. Der 2te Schuß berührte zuerst den Strand in einer Entfernung von 7860 Fuß (2396 Metres), bei nur 6 Fuß (1,83 Metres) Abweichung von der geraden Linie, rikoschettirte ohne die Richtung zu ändern, und begrub das Geschoß endlich in einer Entfernung von mehr als 18,000 Fuß (5486 Metres) im Sande.

System Whitworth.

Hätte die Einrichtung der für dieses Geschütz verwendeten Laffette gestattet, die Versuche bei einer Elevation über 5 Grad fortzusetzen, wird nicht bezweifelt, daß das 90 pfündige Geschoß auf 25,000 bis 30,000 Fuß (7620 bis 9144 Metres) geschleudert worden wäre.

Am folgenden Tage wurden die Versuche, und zwar mit der kleinen 3 Pfünder Kanone fortgesetzt, welche neuerdings das folgende befriedigendste Resultat bei einer Elevation von 35 Grad lieferten.

Nr. des Schusses.	Tragweite		Abweichung von der Scheibe rechts.	
	Fuß.	Metres.	Fuß.	Metres.
1ter	28,389	8653	174	53,03
2ter	28,509	8689	216	65,84
3ter	28,647	8732	171	52,12
4ter	28,833	8788	267	81,38
5ter	28,935	8819	93	28,35
6ter	29,064	8859	102	31,09

Die Versuche hatten in Gegenwart der Generalität, von Ingenieurs und Mechanikern aus allen Theilen des Königreichs, dann französischen, schwedischen und österreichischen Offizieren statt.

Wenn man bedenkt, heißt es in jener Mittheilung, daß diese 3 Pfünder Kanone nicht mehr als 208 Pfund (94,35 Kilogr.) wiegt, und dennoch ihr Geschoß 29,000 Fuß (8839 Metres) im ersten Aufschlage mit einer Abweichung von der geraden Richtungslinie zu circa 100 Fuß (30 Metres) in eine feindliche Stadt oder ein Kriegsschiff mit großer Sicherheit schießen kann — diese Entfernung beträgt 5000 Fuß (1524 Metres) mehr als eine deutsche oder geographische Meile — so ist dieß wohl die größte Tragweite, die bisher von einer Kanone erreicht wurde.

Undeutlicher drückt sich dagegen die Times in ihrem Berichte vom 27. Februar über die Konstruktion des Geschoßes aus. Sie sagt:

„Die Schnelligkeit im Feuern und die Zweckmäßigkeit der Patrone
„habe allgemeine Bewunderung erregt. Die Ladung stecke in einer
„sechskantigen Zinnbüchse, und nicht allein, daß diese sich in die Ein-
„kerbungen des Rohres genau einpasse, werde mittelst eines an der
„Büchse rückwärts angebrachten Fettstückes das Rohr nach jedem
„Schusse so gereinigt, daß ein Auswischen unnöthig sei." — Offenbar
ist die Zinnbüchse mit dem Geschoße zu einem Ganzen verbunden,
und in ersterer nach dem Ladungsprincipe Sievier's (Seite 63)
die Ladung angebracht; denn was würde aus ihr werden, wenn sie
nicht mit dem Geschoße fortgerissen würde? — Durch ihre sechs-
kantige Form scheint dem Geschoße eigentlich die Spiralbewegung ertheilt zu werden.

Klingen solche Resultate allerdings abenteuerlich, und wird auch die am
Anfange des §. 62 gefühlte Warnung vor der Unzuverläßigkeit engli-
scher Berichte wohl beherzigt, so liegt durch den letzteren doch unverkennbar der Beweis vor, daß die Ausführung des Konstruktions-Systems
Whitworth an den Geschützrohren wahrlich nicht mehr bezweifelt werden darf, und verdient das Verfahren der englischen Artillerie, daß sie sich nun — trotzdem sie glaubte mit den Armstrong-
Kanonen schon den höchsten Punkt der Vollkommenheit erreicht zu
haben — mit der Aufnahme des sich durch seinen polygonalen Zug
der Seele charakterisirenden und durch seine im §. 61 geschilderten
vorzüglichen Elemente vor allen anderen Konstruktionen empfehlenden
Systems Whitworth beschäftigt, sicherlich die vollste Aufmerksamkeit. —

Geschoße.
Seite 90.

Ist am Schlusse des §. 72 zu erwähnen:

Uebrigens dürfte es kaum mehr zweifelhaft erscheinen, daß der
Granatkartätschenschuß auch die Stelle des Büchsenkar-
tätschenschußes vertreten könne, indem der Breithaupt'-
sche Zünder vorzugsweise die Tempirung für jeden Punkt der Flugbahn gestattet, man sonach bei einer gewißen Anzahl von Granatkar-

tätschen im Voraus den Zünder z. B. auf 200 bis 300 Metres tempiren kann, um sie im Falle des Bedarfes ohne Aufenthalt in das Rohr einführen zu können. Der Breithaupt'sche Zünder wird nicht allein solches möglich machen, sondern besitzt auch die Fähigkeit, jede beliebige andere Tempirung für größere Entfernungen während des Gefechtes erzielen zu können. Bei dem möglichen Ersatze der Büchsenkartätsche durch die Granatkartätsche würden ferner für die gezogenen Kanonen die Munitionsgattungen der Feldartillerie um eine vermindert, und es wäre auch hierin die möglichste Einfachheit erreicht, und jedes Bedenken über eine Nichtanwendbarkeit des Büchsen-Kartätschenschusses gehoben.

Schlußbetrachtungen.
Seite. 100.

Als eine zweite Anstalt in Deutschland, aus welcher ausgezeichnete Produkte von Gußstahl hervorgehen, verdient die schon erwähnte Fabrik des Otto Grubitz in Karlswerk bei Neustadt-Eberswalde rühmlichst genannt zu werden, welche sich durch Herstellung schwerer gußstählerner Schmiedestücke schon seit Jahren einen ausgebreiteten Ruf erworben hat. Dieser, sowie die ausgezeichneten Eigenschaften des Fabrikats (S. 16) und der Umstand, daß Grubitz bereits mit Anfertigung von Gußstahlgeschützrohren für die österreichische und württembergische Regierung beauftragt wurde, und auch für andere Regierungen fertige Rohre geliefert hat, bürgen dafür, daß in Karlswerk Geschütlieferungen in verläßiger Güte ausgeführt werden können. Diese Fabrik verwendet zur Herstellung des Gußstahls nur bestes schwedisches Magnetstabeisen, dessen stets gleiche Qualität durch Kontrakte gesichert ist; sie besitzt die Einrichtungen, Stücke von 50 bis 60 Zentner zu gießen, und zur Verarbeitung der Gußbarren außer 2 durch Wasser getriebenen Schwanzhämmern, hohe Dampfhämmer von 6, 10, 15, 20 und 30 Zentnern, und einen mit Oberdampf arbeitenden, direkt wirkenden Dampfhammer nach Daelens Patent, dessen Bär ein Gewicht von 100 Zentnern besitzt.

Druck von Dr. E. Wolf & Sohn.